콘텐츠 플랫폼 마케팅

스트리밍에서 크라우드펀딩까지,
팔리는 콘텐츠의 모든 것

콘텐츠
플랫폼
마케팅

김귀현 지음

한국출판마케팅연구소

서문

'야잘잘.' 야구계의 유명한 명언(?)이다. 야구선수들의 대화가 전파를 타면서 유명해졌다. 이진영 선수(현재 은퇴, 명언 남길 당시 소속은 SK 와이번스)에게 박재상 선수(현재 SK 와이번스 코치)가 물었다. "형, 야구를 잘하려면 어떻게 해야 해요?" 그러자 이진영 선수는 "야구는 잘하는 사람이 잘해"라고 답했다. 이 일화가 전해지며 '야잘잘'이라는 말은 야구팬들 사이에서 오랜 기간 회자되고 있다.

'글잘잘.' 글은 잘 쓰는 사람이 잘 쓴다. 필자도 고등학교 때까지는 글잘잘인 줄 알았다. 글짓기 대회에서 상을 몇 번 탔다. 독후감을 잘 써 조회시간에 교장선생님께 대표로 상장을 받은 적도 있다. 글을 제법 쓴다고 생각했고 국어국문학과에 진학했다. 대학에 오니 필자 말고도 글잘잘이 많았다. '문학 특기자'라는 친구들은 문체가 세련됐고, 사용하는 어휘가 남달랐다. 그들의 글은 재미있고 감동도 있었다. 존경스러웠다. 많은 글잘잘을 만나며 현실을 자각했다. 글잘잘이 아니기에 잘 쓰려고 욕심 부리지 않았다.

글잘잘 친구들 몇몇은 등단을 했다. 작가가 되거나, 대학원에 진학해 공부를 했다. 존경하는 그들이 세상에 감동과 영감을 주는 작가의 삶을 살기를 바랐다. 하지만 어떤 이는 논술 학원에서 강사를 했고, 다른 이는 고기집에서 아르바이트로 생활비를 벌었다.

문화체육관광부는 3년에 한 번씩 우리나라 예술인들이 어떻게 살아가고 있는지 실태를 조사해 발표한다. 2019년 4월 발표한 '2018년 실태조사'에서 국내 예술인 대다수는 수입이 월 100만 원이 안 되는 것으로 밝혀졌다. 10명 중 7명이 월 수입 100만 원을 넘지 못했다. 전체 연평균 수입은 1281만 원이다. 특히 문학 분야 예술인은 연평균 수입이 550만 원으로 평균보다 한참 낮았다. 직업의 형태도 안정적이지 않았다. 기간제, 계약직, 임시직, 파트타임 등이 70%를 웃돌았고, 정규직은 10%에 불과했다.

수많은 창작자와 예술인은 최저임금도 안 되는 돈을 받고 일한다. 생계를 이어나가기 위해 다른 일도 함께 한다. 창작에만 집중하기 어려운 환경이다. '왜 그들은 노력한 만큼 대우를 받지 못할까?' 이 고민은 플랫폼을 만들고 운영하면서 가장 큰 동기부여가 됐다.

이 책에는 창작자들이 어떻게 플랫폼을 활용했고, 플랫폼에서 어떤 성과를 냈는지 사례 중심으로 적었다. 창작자는 플랫폼을 통해 유명해지거나, 강연이나 기고 등 새로운 기회를 찾았다. 그중 핵심이라 생각하는 성과는 수입이다. 노동의 정당한 가치를 인정받은 사례다. 돈을 자꾸 언급해 속물 같다고 생각할 수도 있겠지만, 그래도 지금은 돈 이야기를 해야 한다. 아직 많은 사람들이 창작자에게 돈을 쓰는 데 인색하다. 우리 곁의 수많은 콘텐츠들이 결코 공짜가 아니라는 것을 꾸준히 알려야 한다.

　카카오의 스토리펀딩은 '창작자에게 정당한 가치를 지불하게 하자'는 취지로 진행한 일종의 실험이다. 그 실험은 2014년부터 2018년까지 만 4년간 진행됐다. 42만 명의 후원자가 165억 원을 후원했고, 약 4,200명의 창작자가 나눠 가졌다. 2019년, 스토리펀딩은 유료화 실험을 마무리했다. 더 큰 기회로 연결하기 위해 다양한 방식의 플랫폼을 고민 중이다.

　창작자들이 돈을 많이 벌면 좋겠다. 먹고살 걱정 없이 창작에만 전념했으면 한다. 글잘잘은 잘 쓴 글로 사람들에게 재미와 감동을 주어야 한다. 플랫폼은 창작자들이 창작에 전념하는 데 다양한 도움을 줄 것이다.

　일곱 살 아들 지안이가 어른이 된 세상에서는 글잘잘을 비롯한 창작자들이 지금보다 훨씬 더 나은 대우를 받았으면 한다.

차례

서문   005

1장_ 이야기는 힘이 세다

모바일 시장, 콘텐츠 유료화의 기회   013

텍스트 스트리밍의 시대   021

모바일·영상·오디오의 시대   031

소확행의 가장 쉬운 방법, 크라우드펀딩   040

당신의 콘텐츠는 생각보다 비싸다   051

뉴스펀딩은 왜 스토리펀딩이 됐나   059

팔리는 콘텐츠는 다르다   069

2장_ 가장 좋은 콘텐츠는 연결된 콘텐츠다

함께 눈물 흘리는 감각의 연대   081

빅데이터를 믿지 마세요   090

콘텐츠 마케팅은 타노스처럼   099

그들은 왜 밤에 무리 지어 뛰는가   108

브런치, 고양이 집사를 닮은 플랫폼   116

여행 가이드북의 종말   124

브런치에는 미래의 트렌드가 있다   133

업 에세이, 직장인 작가의 탄생   144

3장_ 출판과 플랫폼의 만남

소떡소떡 큐레이션   157

작가와 독자 사이에서 우리는 좀 빠져요   165

성공하는 크라우드펀딩 콘텐츠는 따로 있다   174

100인의 탁자와 유연한 유료화 전략   192

작은 책의 차트 1위를 꿈꾸며   200

전자책은 PDF가 아니다   210

아무튼 책은 팔아야 한다   219

QR코드의 부활과 출판 O2O   228

찾아보기   236

1장

이야기는
힘이 세다

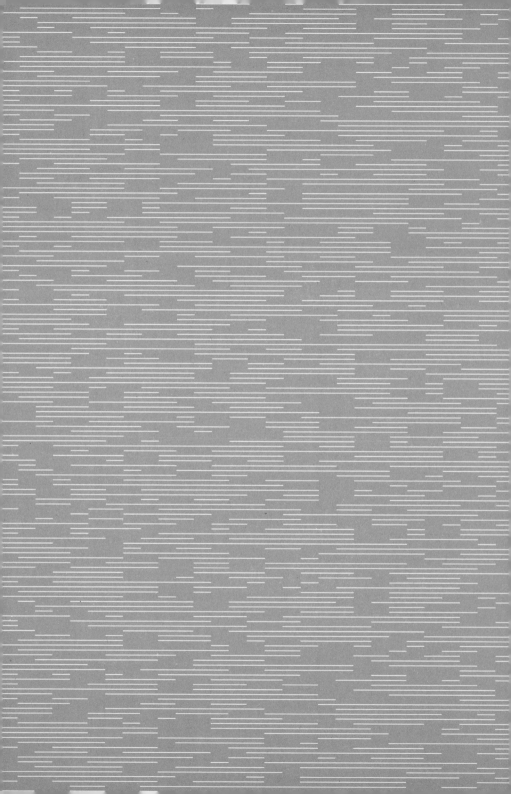

모바일 시장,
콘텐츠 유료화의 기회

━ 필자의 첫 컴퓨터는 XT였다. 286, 386 PC가 나오기 전 모델이다. 아버지 월급이 100만 원 정도였던 것으로 기억하는데, 컴퓨터 한 대가 80만 원가량이었다. 지금으로 치면 300~400만 원은 되지 않을까 싶다. 시험에서 올백을 맞아 부모님이 선물로 사주셨다. 당시 문제가 쉬워 한 반에서 올백이 꽤 나왔다. 그쯤이면 '물시험' 논란이 있었을 텐데, 필자야 컴퓨터를 선물 받는다는 사실에 행복했던 기억뿐이다.

XT는 5.25인치 2D 디스크만 사용할 수 있다. 2D 디스크에는 1MB가 채 들어가지 않는다. MS-DOS 디스크를 넣고 부팅한다. 당시에도 빌 게이츠의 마이크로소프트는 잘나갔던 것 같다. 도스 명령어 입력창에 'dir'(명령어)을 입력하고 확장자가 'EXE'인 파일을 찾아 입력하면 프로그램이 실행됐다. 부모님은 공부에 도움이 되었으면 하는 바람에서 사주신 컴퓨터지만, 필자는 대부분 게임에 이용했다. 공부를 도와주는 소프트웨어도 사실상 거의 없었다.

컴퓨터는 한 대였고 쓸 수 있는 물리적 공간과 절대적 시간은 한정적이었다. 필자가 사용할 때는 동생이 못 했고, 동생이 하려고 하면 필자가 양보해야 했다. 가끔 아버지가 타자 연습을 하신다며 컴퓨터를 하실 때면 동생과 필자는 베네치아가 물에 잠기는 모습을 바라만 봐야 했다. (당시 '한메타자교사'라는 타자 연습 프로그램이 있었다. 비처럼 내려오는 글자를 빠르게 쳐서 없애지 않으면 베네치아가 물에 수몰되는 슬픈 게임이었다.) 그래서 '필자의 첫 컴퓨터'라는 말은 잘못된 표현이다. 우리 가족의 공동 소유 컴퓨터다.

몇 년 후 아버지는 고성능 펜티엄 컴퓨터를 사주셨다. 처리 속도가 엄청 빨라서 팬을 돌려 CPU를 식히지 않으면 안 되는 컴퓨터였다. 그렇게 빠른 컴퓨터라도 필자가 할 때는 동생이 기다려야 하고, 동생이 할 때는 필자가 참아야 했다. 공간과 시간의 제약은 컴퓨터가 업그레이드되어도 여전했다. PC는 'Personal Computer'의 약자다. '개인화 컴퓨터'라는 뜻이다. 하지만 PC는 대부분 가정에서 개인화되지 못했다. 내가 정말 원하는 데이터를 저장하지도 못했다. 간혹 내가 좋아하는 데이터를 깊숙이 숨겨놓기도 했다. 폴더를 위장했다. PC는 내 것이자 내 동생의 것이며, 내 아버지의 것이기도 했다. 진정한 '내 꺼'가 아니었다.

| 내 꺼 중에 최고, 모바일

필자에게 지금 몸에 지닌 것 중에 가장 중요한 게 무엇이냐고 물어
본다면, 단연코 스마트폰이라 답할 것이다. 휴가를 가지 않는 이상
스마트폰이 없으면 너무나도 불편하다. 일정을 체크하고, 메신저로
연락하고, 간혹 게임도 하며, 콘텐츠도 감상한다. 사진을 찍고, 물건
을 사고, 택시를 부르고, 음악을 듣고, 음식점을 예약한다. 스마트폰
은 내 몸의 일부처럼 움직이고 있다. 라이프사이클의 상당 부분을
차지한다. 모바일 스마트폰은 PC가 하지 못한 완벽한 개인화를 이
뤘다. 진정한 '내 꺼'를 스마트폰이 실현해줬다. 휴대전화였을 때는
PC의 기능을 구현하지 못했기 때문에 전화와 문자만 쓰는 의사소
통 용도였다. 스마트폰 시대에 본격적으로 접어든 시점은 휴대전화
가 PC의 기능을 대체하면서부터다.

　이는 데이터가 증명한다. 2009년, 우리나라에 애플의 아이폰
3GS가 처음 출시됐을 당시, PC 트래픽은 모바일에 비해 압도적으
로 높았다. 모바일 트래픽은 무의미한 수준이었다. 2010년 이후 삼
성이 옴니아의 실패를 딛고 갤럭시 시리즈를 잘 만들기 시작했다.
어쨌든 삼성에 대한 선호도가 높은 우리나라에서는 갤럭시가 대중
화를 이루면서 모바일 트래픽이 기하급수적으로 증가했다. 그리하
여 2019년 현재는 모바일 트래픽이 PC 트래픽을 상회한다.

보통은 20~30대의 젊은 세대가 트렌드를 주도한다고 말한다. 얼리어답터는 트렌드가 될 상황을 미리 경험해본다. 하지만 새로운 시장의 도래는 젊은 세대도, 얼리어답터도 아닌, 그 외의 사람들, 즉 거의 모든 사람들이 경험하는 순간 이루어진다. PC만 있던 시절, 어머니는 컴퓨터의 소유권 분쟁(?)에 전혀 개입하지 않았다. 보통은 필자와 동생이 그 다툼을 주도했고, 간혹 베네치아를 구하고 싶은 아버지가 끼어드셨다. 어머니는 우리 집에 있던 한 대의 PC와 아무 관련이 없었다.

그런데 모바일은 다르다. 스마트폰을 활용하는 중년 여성이 크게 늘면서, 시장 규모는 빠르게 성장했다. 그간 소유권을 갖지 않았던 우리 어머니들이 말 그대로 개인화된 디바이스를 갖게 된 것이다. 중년에 이어 50대 이상의 장년까지 스마트폰의 소유가 이어지면서, PC의 시장은 저물었고 모바일의 시대가 열렸다. 모바일 시대는 '진정한 내 것의 탄생'이라고 말할 수 있다.

| 콘텐츠 유료화의 새로운 방식, 크라우드펀딩

필자는 카카오에서 콘텐츠 크라우드펀딩 플랫폼 스토리펀딩을 2015년부터 2018년까지 운영했다. '크라우드펀딩Crowdfunding'이란, 대중을 뜻하는 크라우드Crowd와 자금 조달을 뜻하는 펀딩Funding을 조합한 용어로, 온라인 플랫폼을 이용해 대중으로부터 자금을 조달하는 방식을 말한다. 초기에는 트위터, 페이스북 같은 SNS를 적극 활용하는 특성 때문에 '소셜펀딩'이라고 불리기도 했다. 크라우드 펀딩은 종류에 따라 후원형, 기부형, 대출형, 지분투자형(증권형) 등 네 가지 형태로 나뉜다. 세계 최초의 대출형 크라우드펀딩 회사는 2005년 영국에서 시작된 조파닷컴*이다. 증권형은 2007년 영국의 크라우드큐브**가 최초다. 이후 2008년 미국에서 최초의 기부·후원형 크라우드펀딩 플랫폼인 인디고고***가 출현하면서, 크라우드 펀딩이란 용어가 일반화됐다.

우리나라의 크라우드펀딩은 2011년 후원·기부·대출형을 시작으로 정착되었다. 2016년 1월에는 증권형 크라우드펀딩이 도입됐다. 개인 투자자가 크라우드펀딩 플랫폼 업체를 통해 중소·벤처기업에 연간 최대 500만 원(업체당 200만 원)을 투자할 수 있는 제도다(2018년 4월 10일 규제 완화로 연간 최대 1000만 원, 동일 기업 투자 한도 500만 원으로 증액). 후원형 크라우드펀딩은 후원자에게 증권이 아닌 리워드reward로 보상한다. 리워드는 책·물건 등 유형의 리워드, 강연·네트워킹 모임 등 무형의 리워드로 나뉜다. 무형의 리워드에는 프리미엄 리포트**** 등 온라인 콘텐츠도 포함된다. 그중 스토리 펀딩은 후원형 크라우드펀딩으로 분류한다.

크라우드펀딩은 '콘텐츠 유료화'의 새로운 방식이다. 콘텐츠 유

• www.zopa.com

•• www.crowdcube.com

••• www.indiegogo.com

•••• 결제가 이루어져야 볼 수 있는 온라인상의 콘텐츠를 통칭하는 말. 폐쇄형 유료 콘텐츠라고도 한다.

료화에는 여러 가지 방법이 있다. 가장 기본적으로는 콘텐츠를 사고파는 방식이 있다. 돈을 내지 않으면 콘텐츠를 볼 수 없고, 돈을 내면 볼 수 있다. '선 판매 후 감상'의 프로세스로 이루어진다. 콘텐츠를 재화의 개념으로 보는 방식이다. '선 판매 후 감상'의 프로세스는 콘텐츠를 보려는 순간 "돈을 내라"는 메시지가 뜬다. 이때 돈을 낼 준비가 안 된 독자들은 당황하게 마련이다. 마음이 상한 독자들은 콘텐츠를 보지 않고 나가버린다. 온라인에서 대부분의 콘텐츠는 공짜다. 온라인 콘텐츠에 돈을 내는 경험이 많지 않은 독자들은 이런 방식에 불편함을 느낀다. 그래서 '돈을 낼 때의 장벽'이라는 뜻의 '페이월pay wall'이란 말이 생겨났다.

스토리펀딩은 일단 콘텐츠를 공개한 다음, 그 콘텐츠가 마음에 들면 돈을 내게 했다. 창작자와 작가에 대한 일종의 후원 개념이라고 볼 수 있다. '선 공개 후 펀딩'의 프로세스로 이루어진다. 콘텐츠를 돈 주고 사야만 한다는 유료화의 고정관념을 깼다. 페이월을 걷어냈지만 돈은 받을 수 있다. 이를 통해 자연스럽게 콘텐츠 유료화가 이루어졌다. 스토리펀딩은 2015년부터 2018년까지 4년간 165억 원의 펀딩을 받았다. 이 돈의 대부분은 창작자의 몫으로 돌아갔다.

▎모바일 시대는 콘텐츠 유료화의 기회다

PC에서는 콘텐츠에 돈을 잘 내지 않던 독자들이 모바일에서는 돈을 낸다. 스토리펀딩을 운영하며 배운 점이다. 같은 콘텐츠인데 왜 모바일에서는 돈을 낼까? 모바일은 '내 꺼'다. 내 꺼에는 좋은 것, 예쁜 것, 내가 좋아하는 것만 담고 싶다. 그러다 보니 나에게 꼭 필요한 정보를 제때 제공해주면 돈을 낸다. 나를 웃게 하거나, 나를 울게 하는 콘텐츠에는 기꺼이 돈을 낸다.

또한 모바일에는 간편 결제 기능이 있다. '카카오페이' '네이버페이' '페이코' 등 많은 IT 업체들이 간편 결제 기능을 제공한다. PC에서는 돈을 쓰는 행위에 고도의 이성적 판단이 개입된다. 간편 결제가 없던 시절, 결제하려면 공인인증서나 실명 인증 등의 과정이 있었고, 이런 과정을 거치며 '여기에 정말 돈을 쓸 가치가 있을까?' 고민했다. 이성적 판단이 개입되면서 결제를 방해했다.

반면 모바일의 간편 결제는 이성적 판단이 개입할 여유를 주지 않아, 이를 매우 효과적으로 무력화한다. 손가락을 살짝 문질러 지문을 인식하거나 비밀번호 여섯 자리만 누르면 바로 결제가 된다. '아차' 하는 순간 결제 문자가 날아온다. 후회해도 소용없다. 소비자로서는 안타까운 일이지만, 공급자 입장에서는 '콘텐츠 유료화'를 위한 최고의 기회다.

바야흐로 콘텐츠 홍수의 시대다. 하루에도 수천수만 개의 콘텐츠가 쏟아져 나오고 있다. 홍수 때는 오히려 마실 물이 없다. 너무 많은 콘텐츠가 생겨나다 보니, 정작 나에게 필요한 콘텐츠를 찾기 어렵다. 때문에 내가 원하는 콘텐츠를 추천해주는 큐레이션 서비스의 중요성이 커졌다. 여기에는 데이터 기반의 추천 시스템이 활용된다. 독자의 성향을 분석해 맞춤형 콘텐츠를 추천해주는 기술도 중요하다. 데이터와 기술을 가진 플랫폼을 잘 활용해야 하는 이유다.

나와 결합된 최적의 개인화 디바이스, '내 꺼'에는 정말 좋은 것만 담고 싶다는 개인의 욕망, 이성적 판단을 무력화하는 간편 결제 모바일 시대는 콘텐츠 유료화에 최적의 기회다.

텍스트
스트리밍의 시대

출판 산업의 규모가 점점 줄고 있다. 통계청 출판 산업 총괄 자료에 따르면 2007년부터 2016년까지 우리나라 출판 산업 총 매출액은 꾸준히 감소했다. 2009년과 2016년에는 반등했지만, 각각 3.1%와 1.2%로 미미했다. 2007년에 21조 5955억 원이던 매출액이 2016년에는 20조 7658억 원으로 10년 사이 3.8% 감소했다.

출판 시장에 불황이 찾아온 가장 큰 요인으로 기존 문헌들은 '인터넷의 출현'을 꼽는다. 구텐베르크가 활판 인쇄술을 발명한 이후, 과거 500년 동안 서양의 출판업자들은 출판물의 생산, 유통, 분배를 완벽하게 지배했다.* 저자, 출판업자, 고객의 관계는 수직적이었

---

* Strong W. S, 「Copyright in a time of change」, 〈Journal of electronic publishing〉, vol. 4, no. 3, 1999.

다. 하지만 2000년대 이후 인터넷의 가장 큰 특징인 대화형 커뮤니케이션으로 인해 저자, 출판업자, 고객은 일방적이고 수직적인 관계에서 쌍방향의 수평적인 관계로 변했다. 종이책에 국한된 출판의 개념이 디지털상으로 옮겨가 음성, 동영상, 문자가 결합되어 매체 간의 영역은 무너지고 분리됐다. 출판은 문자 정보를 독점해 강력한 권력을 유지했지만, 인터넷으로 정보의 권력이 옮겨가면서 출판 산업에도 불황이 찾아왔다.*

역설적으로 출판 기반의 인터넷 비즈니스는 꾸준히 성장하고 있다. 2019년 출판계의 핫이슈로 떠오른 '무제한 책 대여 서비스'가 좋은 사례다. 월정액 구독 서비스에 가입하면 전자책을 마음껏 읽을 수 있다. 예스24는 한 달에 5,500원이나 7,700원을 내면 전자책을 무제한으로 읽을 수 있다. 밀리의 서재는 9,900원, 리디북스는 6,500원에 무제한 전자책 읽기 서비스를 제공한다. 책의 규모와 종류는 다르지만, 한 달 이내에 읽기 힘들 정도로 많은 양의 전자책을 제공한다는 점은 동일하다.

수백억 원대 규모의 투자를 받았다는 공통점도 있다. 리디북스는 이미 2016년 200억 원 투자를 유치하며 기업 가치를 키우고 있으며, 매출 또한 급증하고 있다. 2014년 186억 원이었던 매출은 2017년 665억 원으로 껑충 뛰어올랐으며, 2019년은 1000억 원 매출을 목표로 하고 있다. 밀리의 서재는 2018년 100억 원의 시리

---

* 김진두, 「인터넷이 출판에 미친 영향에 대한 연구」, 〈동서언론〉, 7호, 165~189쪽, 2003.

콘텐츠 플랫폼 마케팅

즈B 투자금을 유치했다. 시리즈B 투자란 회사 설립 후 본격적인 상품 판매가 시작된 다음에 받는 투자금이다. 전자책은 대규모 투자를 받으며 성장 가능성이 큰 시장이라는 것을 입증했다.

이렇게 전자책 시장이 커지자 전통의 종이책 시장 업계에서는 우려의 목소리가 나온다. 전자책 시장과 반대로 종이책 시장이 현재보다 더 축소되지 않겠느냐며 경계한다. '수평 커뮤니케이션 기반의 인터넷이 출판 시장의 불황을 초래했다'는 1999년만큼이나 전자책 시장의 확산을 두려워한다. 우려대로 인터넷과 전자책은 출판 시장을 더욱 어렵게 만드는 장본인이 될까? 우선 전자책 플랫폼이 어떤 방식으로 독자들을 유치하는지 알아볼 필요가 있다. 전자책 시장에서 두각을 나타내는 몇몇 업체들에 대해 알아보자.

▎떠오르는 별, 밀리의 서재

밀리의 서재는 웅진씽크빅 CEO 출신인 서영택 대표가 2016년에 창업한 회사다. 2017년 6월에 앱 서비스를 론칭했으며, 유료 모델은 2018년 10월 말에 오픈했다. 2018년 1월에 앱 내 결제를 시작으로 결제 수단을 지속적으로 늘려가면서 안정된 비즈니스 모델을 만들어가고 있다.

밀리의 서재는 2018년 여름 이병헌과 변요한을 광고 모델로 기용하면서 많은 사람들에게 알려지게 됐다. '도대체 어떤 회사이기에 저런 A급 모델을 쓸 수 있나?' 등 다양한 이야기를 만들어냈다. 마케팅은 성공했다. 회원 수가 급상승해 약 30만 명의 회원을 확보했다. 이 중 12%인 3만 6,000명이 유료 결제를 하는 회원이다. 한 달에 9,900원을 내면 2만 5,000여 권의 전자책을 무료로 볼 수 있다. 제공하는 권수로만 치면 국내 최대 규모의 무제한 구독 서비스다.

마케팅 효과도 컸겠지만, 후발 주자로 수많은 가입자를 확보하게 된 요인으로는 많은 양의 책을 보유하고 있다는 점을 들 수 있다. 구독 서비스 2위인 리디북스 리디셀렉트가 갖고 있는 2,600여 권보다 무려 10배 가까이 많은 수다. 출판업계 출신의 CEO가 창업자라는 점이 밀리의 서재의 강점이다. 웅진씽크빅과 미래엔 등 출판사를 통해 투자금을 확보할 수 있었고, 이 투자금을 활용해 사업 초기부터 수많은 출판사와 제휴를 진행했다. 업계 출신이기에 제휴처 확보도 용이했다고 볼 수 있다. 우선 수많은 데이터를 확보해 규모를 키우고, 이병헌이라는 스타급 모델을 통해 플랫폼 마케팅을 하면서 폭발적인 성장을 거둘 수 있었다.

단순히 책의 양이 많다는 점은 다른 자금력을 갖춘 후발 주자들이 얼마든지 뒤집을 수 있다는 것을 의미한다. 밀리의 서재는 이에 안주하지 않고 다양한 기능을 제공한다. 우선 '리딩북'이라는 서비스를 전면에 내세운다. '읽어주는 책'이라는 콘셉트로 배우나 가수 등 유명한 사람이 직접 책의 요약본을 읽어준다. 책 읽을 시간이 부족한, 혹은 책 읽기 자체에 거부감을 느끼는 사람들을 위한 서비스다. 30분 내외면 책의 핵심적인 부분을 들을 수 있다. 오디오형 서

콘텐츠 플랫폼 마케팅

비스라 대중교통을 이용할 때나, 운전할 때도 쉽게 접할 수 있다. 기존의 오디오북과는 달리 책의 전문을 다 읽어주는 것이 아니라, 책의 내용 중에서 중요한 내용만 발췌하고 중간에 해석과 보충 설명을 넣는 식으로 책을 재가공해서 녹음한다. 이런 재가공으로 분량은 크게 줄어들게 된다. 배우 이병헌이 녹음한 『사피엔스』(유발 하라리 지음, 김영사, 2015)는 636쪽의 두꺼운 책임에도 리딩북은 30분 분량이다. 이렇게 제작된 리딩북은 밀리의 서재 가입자들에게 특별한 경험을 준다. 굳이 시간을 내지 않아도 책 한 권을 읽었다는 심리적 만족감을 느끼게 한다. 이렇게 만든 콘텐츠는 2차 유통도 가능하다. AI(인공지능) 스피커의 보급으로 오디오 콘텐츠를 쉽게 접할 수 있다. 밀리의 서재는 종이책에 담긴 콘텐츠를 단순히 전자책으로 옮기는 것을 넘어서 운전을 하면서, 가정에서 등 어떤 상황에서든 들을 수 있는 오디오 콘텐츠로 확대하고 있다.

밀리의 서재는 이외에도 다양한 방식으로 책의 콘텐츠를 재가공한다. '밀리툰'은 책의 내용을 바탕으로 만든 웹툰이다. 텍스트 형태의 책에 거부감을 느끼는 사람들을 위해 친근하게 다가갈 수 있는 웹툰 형태로 재가공했다. 다른 사람에게 책을 추천하는 기능도 있다. 밀리의 서재에 가입한 회원에게는 개인별로 서재를 제공한다. 이곳에 들어가면 해당 서재의 주인이 어떤 책을 읽고 있는지 확인할 수 있다. 독자들은 독서 취향이 비슷한 독자의 서재에서 어떤 책을 읽을지 결정하는 데 도움을 받을 수 있다. 여기에는 작가 등의 셀럽도 참여한다. 장강명 작가는 서재를 운영하고 있는데, 작가의 팬들은 이곳에서 작가가 어떤 책을 읽었는지 확인하고 책을 고르는 데 도움을 받게 된다. 그리고 이곳에서 책을 구입할 경우 책 구입 가격의 2%를 서재 주인에게 포인트로 지급한다. 독자들끼리의 활발한 추천을 유도하기 위한 장치다. 밀리의 서재는 오디오북, 웹툰, 추천 등 다양한 기능을 제공한다. 독자들은 책을 지루한 매체라고 생각하지 않고 게임처럼 즐기면서 소비한다. 이것이 100억 원의 투자를 받게 된 비결이다.

| 1위의 저력, 리디북스

리디북스는 전자책 시장에서 드라마틱한 스토리를 써 내려가고 있다. 많은 사람들이 리디북스에도 대형 출판사라는 배경이 있다고 생각하지만, 2009년 배기식 대표를 비롯한 세 명의 청년이 창업한 스타트업이다. 배기식 대표는 삼성전자에서 벤처 투자 업무를 담당했고 이 과정에서 미국의 스타트업 생태계를 직접 확인할 수 있었다. 스타트업의 잠재력을 확인한 배 대표는 대학 후배 두 명과 자본금 1억 원으로 리디북스를 창업했다. 2017년 기준으로, 655억 원의 매출을 내는 회사고, 기업 가치는 2300억 원에 달한다. 177만 권의 전자책을 보유한 전자책 시장의 독보적인 1위 업체다. 2009년 이후 무려 4억여 권의 책이 리디북스를 통해 유통됐다.

리디북스가 빠르게 성장하게 된 배경으로는 '모바일에 최적화된 전자책 포맷'을 꼽는다. 기존의 전자책은 대부분 PC에 집중했다. 책을 그대로 PDF 파일이나 이미지 파일로 변환하는 방식으로 전자책을 만들었다. PC의 큰 화면을 기준으로 삼다 보니, 모바일에서는 글씨가 너무 작게 보이거나, 화면을 키워 상하좌우 스크롤을 움직이며 봐야 하는 불편함이 있었다. 리디북스는 2009년 설립 당시부터, 스마트폰과 태블릿 화면에서도 편하게 볼 수 있는 포맷을 고민했다. 어떤 디바이스에서도 전자책을 감상할 수 있도록 소프트웨어 기술 강화에 집중했다. 마침 2009년 이후 스마트폰 보급이 폭발적으로 증가했고, 미리 모바일 시장을 예측하고 대응한 리디북스도 크게 성장했다.

전차잭 분야에서는 부동의 업계 1위지만 리디북스의 무제한 구독 서비스 '리디셀렉트'는 후발 주자인 밀리의 서재에 밀리고 있다. 보유한 책의 규모는 밀리의 서재의 10분의 1 수준이지만 업력이 있는 만큼 리디북스가 가진 강점도 무시할 수 없다. 우선 제공하는 책이 대부분 베스트셀러라는 점이다. 밀리의 서재는 다양한 책을 제공하지만 책의 질을 담보하지는 않는다. 리디셀렉트는 최소한의 질을 담보한다. '믿고 보는 리디셀렉트'라는 인식을 독자들에게 심어준다. 게다가 밀리의 서재보다 3,000원이 싸다. 가격 경쟁력도 확보했다.

리디북스가 가진 엄청난 데이터도 강점 중 하나다. 10년간 약 4억 권의 전자책을 유통하면서 다양한 독자의 데이터를 쌓았다. 연령, 성별, 직업, 취향 등의 데이터로 해당 독자가 어떤 책을 좋아할지 예측하는 능력은 여타 서비스나 후발 주자가 할 수 없는 리디북스만의 강점이다. 이 데이터를 기반으로 독자들이 좋아할 만한 책을 선별해 리디셀렉트에서 보여준다. 업계 1위가 보여줄 수 있는 저력이다.

독점 콘텐츠도 리디셀렉트의 강점이다. 경영 전문 매거진 〈하버드 비즈니스 리뷰 HBR〉의 한국어판 큐레이션은 리디북스에서만 독점 제공한다. 경제·경영 분야에 종사하거나 관심이 많은 독자들에게 뜨거운 지지를 받고 있다. 잡지가 있는 것도 특징이다. 〈코스모폴리탄〉 〈맨즈 헬스〉 〈에스콰이어〉 등의 잡지를 바로 볼 수 있다. 종이책 형태의 잡지는 크고 무겁기 때문에 출판 산업 중 매출 하락의 폭이 큰 영역이다. 폐간하는 잡지도 매년 늘고 있다. 큰 화면을 제공하는 태블릿 형태의 전자책은 잡지 산업의 새로운 돌파구로 자리매김하고 있다.

'우리는 종이책과 경쟁하지 않는다. 책과 친하지 않은, 책이라면 거부감부터 느끼는 새로운 고객군에게, 책에 담긴 콘텐츠의 매력을 알리고 친숙하게 만들고 있다.' 밀리의 서재와 리디북스가 공통으로 시장에 전달하는 메시지다. 전자책업계는 종이책을 자주 사 읽는 독자를 핵심 고객으로 생각하지 않는다. 과연 인터넷과 전차책은 종이책 시장의 적일까?

| 서점에서 책 한 권을 다 읽은 사람이 부끄러운 시대

'스트리밍 streaming'이 대세다. 스트리밍의 사전적 정의는 '주로 소리 (음악)나 동영상 등 멀티미디어 파일을 전송하고 재생하는 방식의 하나'다.° 유튜브라는 영상 스트리밍으로 언제든 내가 보고 싶은 영상을 볼 수 있다. 멜론, 벅스 등 음원 스트리밍으로 언제든 듣고 싶은 음악을 들을 수 있다. 이제 책도 스트리밍 시대다. 월 1만 원 이하의 돈으로 내가 보고 싶은 책을 언제든 스마트폰에서 꺼내볼 수 있다. '텍스트 스트리밍' 시장이 형성되고 있는 셈이다.

유료 구독 스트리밍의 핵심 전략은 두 가지다. '귀찮음 제거'와 '부끄러움 유발'이다. 언제든 내가 원하는 콘텐츠를 소비할 수 있다는 점에서 수많은 귀찮음과 수고를 제거해준다. 어떤 음악을 듣기 위해 CD를 구입하거나 CD 플레이어를 작동하지 않아도 된다. 어떤 영상을 보기 위해 '본방 사수' 시간을 지키지 않아도 된다. 내가 좋아하는 콘텐츠를 소비하기 위해 수많은 리스트를 뒤적이지 않아도 된다.

또 하나는 '부끄러움 유발'이다. 2000년대 초반 인터넷이 급속도로 확대되면서 파일 전송이 자유로워졌다. 저작권의 개념이 희박하던 시절에는 영화나 음악, 책을 스캔한 파일까지 죄의식 없이 거래해왔다. 창작자에 대한 대우는 날이 갈수록 나빠졌고, 제대로 값을 지불하고 창작물을 구매하는 사람들은 손해를 보는 구조였다. 플랫

• 〈위키백과〉 참고

폼은 그런 문제를 해결하기 위해 제대로 값을 지불하는 장치를 고안했고, 창작자에게 그 대가가 직접 전달되도록 시스템을 설계했다. 그런 장치 중 현재 규모의 경제를 만들며 잘 안착하고 있는 모델이 '구독형 유료 모델'이다. 이는 유튜브 레드, 멜론 이용권, 리디셀렉트 등 다양한 방식으로 구현된다.

이제 영화나 음원을 불법 다운로드하는 행위가 부끄러운 시대다. 예전처럼 '나 이거 다운 받았다'고 불법 행위를 자신 있게 말할 수 없다. 돈을 내지 않을 거면 광고를 봐야 한다. '어떤 식으로든' 창작자에게 정당한 대가를 지불해야 한다. 이런 구조가 탄탄하게 갖춰지고 구독 모델이 더 활성화된다면, 아마 이런 말도 부끄럽게 될 것이다.

"오늘 서점에 앉아서 책 한 권을 단숨에 다 읽고 왔어요."

모바일·영상·
오디오의 시대

— 한 아이가 아이패드를 하고 있다. 지나가는 어른이 묻는다. "또 컴퓨터 하니?" 그러자 아이는 대답한다. "컴퓨터가 뭔데?" 애플이 선보인 새로운 아이패드 광고의 한 장면이다.* 이 광고를 보고 머리가 멍해졌다. PC는 한때 시대를 호령했다. 삶의 곳곳에 파고들었다. 이제 애플이 또 하나의 도구를 역사의 뒤안길로 보내버리는구나, 하는 생각이 들었다. PC는 타자기 같은, 인간에게 다양한 도움을 주던 도구를 쓸모없게 만들었다. 이제 애플의 태블릿 아이패드가, 그렇게 잘나가던 PC에게 작별을 고한다.

상상력이 뛰어나다며 코웃음 치고 넘길 수도 있다. 근데 애플이

• https://youtu.be/sQB2NjhJHvY

그렇게 이야기하니 또 그런 세상이 올 것만 같다. 애플은 그래왔다. MP3 플레이어 아이팟을 만들어 '워크맨'이라 불리던 카세트테이프 플레이어와 CD 플레이어를 아날로그 마니아들의 전유물로 만들었다. 그러다가 전화기에 MP3 플레이어 기능을 넣어, 스스로 아이팟을 부정했다. 전화기, 즉 아이폰에는 고성능 카메라 기능을 넣었다. 디지털카메라가 맥을 못 추게 했다. 디지털카메라는 100년 가까이 되는 세월 동안 우리의 얼굴과 풍경을 담아주던 필름카메라를 사라지게 한 장본인이다.

기술의 발전이 도구의 진화로 이어지는 건 당연하다. 하지만 "컴퓨터가 뭔데?"라고 묻는 건 MP3 플레이어가 사라지는 충격과 다르다. 컴퓨터는 인간에게 하나의 편의만 제공하는 도구가 아니었기 때문이다. 컴퓨터는 단순히 음악을 듣는 기능만 제공하지 않는다. 디지털과 매우 친해진 현대 인류는 컴퓨터로 일하고, 컴퓨터로 공부하고, 컴퓨터와 함께 삶을 살아간다. 미디어를 소비하고 수많은 상거래 행위를 가능하게 한다. 컴퓨터는 라이프, 즉 삶 자체다. 디지털화된 인간과 공생하며 삶의 일부로 자리 잡았다. 그랬던 컴퓨터에게 애플은 간단히 작별을 고한다.

| 모바일 네이티브에 대비하라

충분히 가능한 일이다. 우리 집에 같이 사는 일곱 살 아들만 봐도 그렇다. 세상에 태어난 지 만 5년밖에 되지 않았지만, 아빠의 스마트폰을 자유자재로 다룬다. 잠금 상태에서는 왼쪽으로 손을 쓸어 올리며 스와이프해서 사진을 찍는다. 홈 버튼을 길게 눌러 시리^{siri}를 불러낸다. "오늘 날씨는 어때?"라든지 "애플 주식은 얼마야?" 하고 묻는다. 왜 저런 시키지도 않은 짓을 하나 봤더니 시리 가이드에 적혀 있었다. 간혹 잠금이 풀리면 다양한 앱을 작동한다. 한번은 카카오톡의 회사 팀 전체 인원이 상주해 있는 단톡방에 "마피뿌"라는 의미를 알 수 없는 말을 남겼다. 주말 밤 본의 아니게 테러를 저지른 셈이다. 스마트폰으로 대표되는 모바일 디바이스는 일곱 살 아이도 너무나 쉽게 접근할 수 있는 UI^{User Interface, 사용자 환경}를 갖췄다.

모바일 디바이스를 먼저 접한 아이들이 나중에 컴퓨터라는 것을 접했을 때 얼마나 답답하고 적응이 안 될까. 컴퓨터는 부팅을 해야 하고 그 시간 동안 기다려야 한다. 모니터를 아무리 터치해도 반응이 없을 것이다. 손으로 하나하나 움직여줘야 하는 마우스라는 물건도 얼마나 번거로울까. 이런 아이들을 '모바일 네이티브'라 부른다. 모바일을 모국어처럼 처음 접한 아이들이다. 한국어가 모국어인 아이들에게 영어가 어색하듯, 모바일 네이티브는 나중에 접하는 컴퓨터가 어색할 것이다. 사용하는 기기의 변경 정도로 생각하기에는 그 변화의 급이 다르다. "컴퓨터가 뭔데?"라는 말은 애플의 단순한 도발이 아니다. 이미 이루어지고 있는, 예상 가능한 미래다. 인류의 라이프 스타일이 바뀌고 있다.

스토리펀딩은 20대 사용자가 많지 않다. 인연이 닿은 대학생들에게 물었다. "왜 20대는 스토리펀딩을 많이 이용하지 않나요?" 대학생들은 친절하게 20대 친구들에게 설문조사를 받아주었다. 그리고 충격적인 사실을 알려줬다. "20대에게 가장 친숙한 미디어를 조사해봤는데요. 영상, 오디오, 사진, 글 순이었습니다. 영상과 오디오가 압도적으로 높았고요, 사진과 글은 매우 낮았어요."

스토리펀딩의 형태는 글, 사진, 영상, 오디오의 순으로 거의 반대다. 20대가 오지 않는 게 당연하다. 콘텐츠 형태에 대한 고민 없이 왜 20대가 오지 않느냐며 오매불망 기다리고 있었던 것이다. 요즘 10대는 궁금한 게 있을 때 유튜브에서 검색한다. 대다수는 검색은 당연히 포털, 특히 네이버라고 생각한다(다음 '팩폭' 미안합니다). 하지만 '대다수 사람'이라 생각했던 사람들은 내 주변 사람들, 필자 또래인 30대, 필자보다 윗세대인 사람들이었다. 젊은 사람들, 특히 10대는 유튜브에서 검색한다.

와이즈앱이 2018년 12월에 발표한 결과에 따르면 10대가 가장 오래 사용하는 앱은 유튜브다. 10대만 놓고 보면 2~4위인 카카오톡과 페이스북 그리고 네이버의 사용 시간을 합친 것보다도 훨씬 더 많은 시간을 유튜브 사용에 할애하고 있다. 10대는 영상이라는 문법이 매우 친숙한 세대다. 2000년대 후반, 데이터 가격이 매우 싸지면서 누구든 어디서든 동영상 콘텐츠를 쉽게 접할 수 있게 됐다. 동영상 스트리밍 서비스가 대세라는 말은 이미 오래됐다. (같은 조사에서 50대 이상이 가장 오래 사용하는 앱도 유튜브로 나타났다. 2위는 카카오톡, 3위는 네이버다. 세대를 아우르는 대세감을 형성한다.)

그래도 검색은 다르지 않느냐고 반박할 수 있다. 단순히 이용 시간만 놓고는 10대가 유튜브로 검색을 많이 한다고 볼 수 없다. 검색은 '쌍방향성'이다. '단방향성'의 미디어와 다르다. 미디어는 생산자가 있고 수요자가 있다. 검색은 질문하는 사람이 있고 그에 대해 원하는 정보를 제공해주는 사람이 있다. 질문자가 생산자가 될 수 있고 생산자도 질문자가 될 수 있다. 생산자와 수요자의 경계가 모호하다.

유튜브에는 10대가 원하는 정보가, 그들이 가장 친숙해하는 '영상' 형태로 담겨 있다. 10대가 궁금한 게임 공략법이라든지, 뷰티 팁이라든지, 음식 리뷰라든지, 다양한 콘텐츠가 유튜브에는 종류별로 다 있다. 그것도 10대의 마음을 가장 잘 아는 10대가 만든 콘텐츠다. 10대 크리에이터는 또래의 궁금증을 해소해주며 수익을 얻는다. 유튜브의 영상을 보기 위해서는 광고를 봐야 한다. 이 광고비의 일부는 가뜩이나 용돈이 궁한 10대 크리에이터의 짭짤한 수입이 된다. 유튜브에는 이런 수요자-생산자-광고주의 선순환 생태계가 형성됐다. 그래서 10대는 포털 대신 유튜브에서 검색한다.

기존의 문법들이 깨지고 있다. 10대는 포털에서 텍스트가 아닌 영상을 검색한다. 열 살이 채 되지 않은 아이들은 스마트폰을 자유자재로 다루며 "컴퓨터가 뭐야?" 하고 물어본다. 한 시대를 주름잡았던 컴퓨터 사업과 포털 사업도 이젠 위기의식을 느끼고 있다. 그만큼 변화의 속도가 빠르다.

스토리펀딩 프로젝트 '거인의 어깨 위에 올라서라'

카카오페이지에서 판매 중인 〈고전5미닛 올인원〉*

• http://page.kakao.com/home/47549898

콘텐츠 플랫폼 마케팅

책을 리패키징하고 리폼하라

아날로그, 오프라인…. '책' 하면 떠오르는 말이다. 책은 디지털과는 거리가 멀다고 생각한다. 10대는 영상과 오디오를 좋아한다는데, 책은 글이 중심이다. 그러나 기회는 분명히 있다. 사례가 많지는 않지만, 플랫폼을 활용해 책을 영상이나 음성 등 다양한 형태로 디지털화하고 있다. 일정 부분 성과도 거두었다. 디지털화보다는 '모바일화'라는 표현이 맞겠다. 책을 모바일의 문법에 맞게 리패키징했다. 영상과 오디오 형태에 맞게 리폼했다.

스토리펀딩 '거인의 어깨 위에 올라서라' 프로젝트는 책에 담긴 고전을 모바일에서 잘 소비될 수 있도록 5분 내외의 형태로 압축(리패키징)하고 영상의 형태로 리폼했다. 『동물농장』『시민불복종』『레 미제라블』『젊은 베르테르의 슬픔』『오만과 편견』『그리스인 조르바』『안네의 일기』등 이름만 들어도 알 법한, 하지만 읽은 기억이 없거나 시간이 지나 기억이 가물가물한, 위대한 고전을 영상화하는 작업을 했다. EBS 〈지식채널e〉의 형태로 짧지만 강렬하고 메시지는 묵직한 영상을 제작했다.

이 프로젝트를 진행한 강신장 대표의 말이다. "저는 고전 중에서도 인류가 남긴 위대한 책들 즉 '그레이트 북스' 500권을 선정하고, 한 권을 '5분의 영상'으로 제작하는 일에 착수했습니다. 〈고전5미닛〉은 고전의 주요 내용과 가치를 아주 짧은 시간에 파악하고, 바쁘게 사느라 '나'조차 잃어버린 현대인들에게 '나'를 만나고 '더 좋은 삶'을 꿈꾸는 데 도움이 될 수 있을 것이라고 기대합니다. 물론 많은 분들은 이 영상을 통해 엄두를 내지 못했던 원작을 손에 잡게 될 것입니다. 과학자 뉴턴은 비록 난쟁이일지언정, 거인의 어깨 위에 오른다면 더 멀리 세상을 바라볼 수 있다고 말했습니다. 비록 부족한 점은 많지만 고전이란 큰 봉우리를 오르는 데 작은 징검다리가 됨으로써, 우리들 모두가 삶의 지혜를 깨닫고 상상력의 두께를 높여 거인의 어깨 위로 오를 수 있길 소망해봅니다."

이렇게 만든 영상은 스토리펀딩, 카카오TV, 카카오페이지, 세 개의 플랫폼을 통해 유통했다. 동영상 유통 플랫폼 카카오TV에는 10여 개의 핵심 작품을 무료로 공개해 독자들에게 프로모션 형태로 제공했다. 콘텐츠 유료 플랫폼인 카카오페이지에서는 영상을 25개에서 150개 단위로 묶어 유료 패키지를 판매했다. 크라우드펀딩 플랫폼 스토리펀딩에서는 유료 패키지 상품을 함께 팔았고 약 830만 원의 매출을 올렸다. 고전의 가치는 영원하다. 텍스트로 전달되던 고전의 가치를 모바일과 영상에 맞게 리패키징, 리폼했고 다양한 유통 채널을 활용해 성과를 거둔 사례다.

출판사 커뮤니케이션북스는 책으로 오디오 콘텐츠를 만들었다. 오디오북 '100인의 배우, 우리 문학을 읽다'는 100명의 배우들이 100편의 한국 중단편 소설을 낭독한 것이다. 문소리, 최민식 등 유명 배우들이 대거 참여한 이 프로젝트는 커뮤니케이션북스, 한국연극인복지재단, EBS가 함께 진행했다. 총 낭독 시간은 104시간

콘텐츠 플랫폼 마케팅

10분이며 한 편당 18분에서 길게는 2시간 33분까지다. 그동안 음원을 도서관 등에 보급해오다 2017년 8월, 100편의 작품을 한데 모아 USB 메모리에 담아 출시했다.

이렇게 만든 오디오 콘텐츠를 '메이커스 위드 카카오'에 팔았다. '메이커스 위드 카카오'는 모바일로 미리 주문을 받아 최소 생산 수량을 넘기면 생산하는 방식인 주문 생산 플랫폼이다. '100인의 배우, 우리 문학을 읽다' 오디오북은 2017년 8~9월 네 번에 걸쳐 앙코르 판매를 했다. 200개에서 500개 정도의 수량을 판매했고 모두 열흘 만에 완판됐다. 가격은 7만 원 정도로 싸지 않았다. 우리나라에서 오디오북은 그렇게 친숙한 제품이 아니다. 불리한 여건을 콘텐츠의 힘으로 극복해 큰 성과를 거두었다. 이제 사람들은 책을 종이로만 읽지 않는다. 영상으로 보기도 하고, 오디오로 듣기도 한다.

책의 근간은 텍스트다. 모든 콘텐츠의 근간 또한 텍스트다. 텍스트는 수용자를 이끄는 힘이 있다. 영상과 오디오, 어떤 형태라도 텍스트만 잘 살린다면 그에 맞는 리패키징과 리폼이 가능하다. 물론 모바일 문법과 영상, 오디오 호흡에 대한 이해가 필요하다. 또한 읽는 것보다 보고 듣는 게 더 친숙한 모바일 네이티브들이 경제적 주체가 되는 미래에 대비해야 한다. 인쇄물이라는 형태, 종이책이라는 껍질을 깨고 텍스트의 유통 측면에서 출판을 바라본다면 분명 기회는 있다. 플랫폼은 질 좋은 콘텐츠를 받아줄 준비가 돼 있다. 텍스트는 강하다.

소확행의 가장 쉬운 방법, 크라우드펀딩

━━ "매체나 작가들이 일방적으로 콘텐츠를 생산하는 방식에서 벗어나 제작에 필요한 비용을 후원자로부터 조달해 후원자와 함께 콘텐츠를 제작하고, 그 과정을 온라인에서 보여주는 새로운 형태의 미디어 콘텐츠 생산 서비스." 인터넷 백과사전 '위키백과'의 스토리펀딩에 대한 정의다. 스토리펀딩에 대해 이렇게 깔끔하게 얘기한 적이 없는 것 같은데, 정리를 잘해주셨다. 스토리펀딩의 기획 의도가 잘 녹아든 문장이다. 여기서 세 가지 키워드를 도출해볼 수 있다. 첫째 크라우드펀딩, 둘째 참여형 콘텐츠, 셋째 과정의 콘텐츠다.

제작에 필요한 비용을 불특정 다수에게 직접 조달하는 방식인 '크라우드펀딩'과 후원자와 함께 콘텐츠를 만들어간다는 '참여 콘

콘텐츠 플랫폼 마케팅

텐츠' 그리고 그 과정을 온라인에서 보여주는 '과정의 콘텐츠'가 스토리펀딩의 근간이 되는 키워드다. 이 세 가지 키워드를 하나씩 살펴보며 스토리펀딩의 기획 의도를 알아보고자 한다. 플랫폼을 잘 활용하고 기대하는 성과를 내려면 플랫폼을 왜 만들었는지 기획 의도를 파악하는 것이 중요하다. 시험에서 출제자의 의도를 파악하는 것처럼.

▎불특정 다수의 취향을 저격하는 콘텐츠

앞서 말했듯 크라우드펀딩은 '군중crowd이 돈을 모은다funding'는 뜻이다. 사자성어로는 '십시일반'이라 할 수 있다. 많은 사람들이 '클라우드펀딩'이라고 잘못 쓰고는 한다. 클라우드cloud는 구름이다(나는 맥주로 읽는다). 여기서 '크라우드'라는 어원을 잘 살펴볼 필요가 있다. 대중을 뜻하는 'popular'가 아닌 불특정 다수를 뜻하는 'crowd'를 쓴다. 대중은 특정한 목적을 갖고 있다. 공동의 목소리를 내기 위해 광장에 모인 사람들, 같은 관심사를 기반으로 온라인 커뮤니티에 모인 사람들이 'popular'라고 볼 수 있다. 그러나 'crowd'로 지칭되는 불특정 다수는 특정한 목적이 없다. 다양한 관심사를 갖고 있으며 공동의 목소리를 내지도 않는다. 여기서 크라우드펀딩의 무한한 가능성을 찾을 수 있다. 다양한 취향을 가진 사람들이 존재하기 때문에, 다양한 콘텐츠가 만들어질 수 있다.

기존의 콘텐츠 생산자는 대중들이 좋아할 법한 주제를 선정한다.

텀블벅 프로젝트 '우리에겐 언어가 필요하다: 입이 트이는 페미니즘'[*]

스토리펀딩 프로젝트 '트랜스젠더 건강 연구 시작합니다'

---

[*] https://www.tumblbug.com/femidea1

콘텐츠 플랫폼 마케팅

많은 생산자가 비슷한 콘텐츠를 만들어낸다. 흥미 위주이거나 반복적인 내용이 많다. 크라우드펀딩은 다양하다. 취향 저격 콘텐츠들이 크라우드펀딩을 통해 생산된다. 서브컬처로 분류되는 영역과 페미니즘·성소수자 등 기존 콘텐츠 시장에서 잘 다루지 않던 민감한 영역을 다룬다. 많은 수의 대중은 아니지만, 해당 영역에 확실한 독자 풀을 갖추고 있기 때문에 펀딩도 잘되는 편이다.

크라우드펀딩 플랫폼 텀블벅에서 진행한 '우리에겐 언어가 필요하다: 입이 트이는 페미니즘' 프로젝트는 대표적인 사례다. 책은 '성차별 토픽 일상 회화 실전 대응 매뉴얼'이라고 할 수 있다. 이 책의 저자인 이민경 작가는 "언어 전공자로서 회화가 안 되면 문법책을 공부하고 학원을 가는 것처럼 페미니즘도 실제 대화에서 필요한 회화서가 필요하다 생각했다"고 기획 의도를 전했다. 펀딩 20일 만에 4300만 원이 넘는 후원 금액을 모았다.

스토리펀딩에서 진행한 '트랜스젠더 건강 연구 시작합니다' 프로젝트도 기존 시장에서는 나오기 힘든 콘텐츠다. 트랜스젠더는 까다로운 수술을 하지만, 한국에서는 이에 대한 제대로 된 데이터와 건강 연구가 없었다. 고려대 보건정책의료학부 김승섭 교수는 크라우드펀딩으로 비용을 마련했다. 1645만 원의 펀딩을 받았고 이 내용은 논문으로 출판됐다. 이 논문의 내용을 포함한 단행본 『오롯한 당신』(숨쉬는책공장)은 2018년 5월에 출간됐다.

이 펀딩에 참여한 한 후원자는 댓글로 고마움을 전했다. "수익성

스토리펀딩 프로젝트 '자취요리백과'

텀블벅 프로젝트 '피자위에 까만거? 맞아요, 그 올리브!'[•]

• https://www.tumblbug.com/theolives

콘텐츠 플랫폼 마케팅

이 전혀 없다는 까닭으로 정부나 기업으로부터 철저히 외면받기 마련인 이런 연구를 진행해주셔서 진심으로 감사드립니다. 아직 이 나라, 소수자가 살기에는 너무나도 버겁고 힘겨운 곳입니다. 연구를 묵묵히, 꾸준히 진행해주시는 여러분 같은 분들이 계시기에 세상은 그래도 살 만하다고 말하고 싶습니다."

스토리펀딩에서 진행한 '자취요리백과' 프로젝트는 크라우드펀딩 안에서는 B급 문화가 통한다는 것을 보여준 대표적인 프로젝트다. "1인가구, 자취생, 대학생을 위한 간단 생활 요리 지침서입니다. 모든 요리는 10~15분 내외로 끝납니다. 불필요한 부분이나 재료는 다 빼고 그 요리만을 위한 고속도로만 제공하는 요리책을 선보이고자 합니다. 펀딩금은 책 인쇄 및 제작비로 사용합니다. 모든 콘텐츠를 스스로 만들기 때문에 어도비프로그램 사용료와 추가 요리 콘텐츠 제작 및 진행에도 씁니다. 후원자들에게 리워드를 전하기 위한 안전 포장 및 배송, 요리 애플리케이션 개발에도 사용할 예정입니다."

책의 내용은 실용적이며 파격적이다. 긴급, 결정장애, 월급날, 여유로움, 총 네 개의 챕터로 구성했다. 기존의 요리책처럼 레시피와 재료 중심이 아닌, 각 상황에 맞는 요리법을 정리한 것이 특징이다. 책의 특성은 더 재밌다. 안전한 냄비받침, 편안한 베개, 부드러운 마우스 패드 등등 책이 다양한 용도로 쓰일 수 있음을 강조했다. 책의 뒤표지에서는 "이 책은 어차피 냄비받침입니다"라며 스스로를 깎

아내렸다. 이런 'B급 감성' 물씬 풍기는 책을 1만 5,000원에 크라우드펀딩으로 선주문받았다. 그 결과 총 957만 원을 받으며 목표액 300만 원의 세 배를 넘겼다.

'올리브'라는 식재료를 한 권의 책에 담아낸 프로젝트도 있다. 텀블벅에서 진행한 '피자위에 까만거? 맞아요, 그 올리브!'다. "어느 날 여행을 하면서 우연히 먹었던 올리브는 충격일 정도로 맛있었습니다. 지금까지 먹었던 올리브가 같은 올리브가 맞는지 의심될 정도로 아삭했고, 고소했습니다. 그 이후로 한국에 돌아와서 올리브를 찾아 먹기 시작하였는데, 마트에 가면 볼 수 있는 올리브만 해도 여러 가지였고, 종류에 따라 어떤 특징이 있는지 검색해도 검색어조차 알 수 없는 현실이었습니다. 그래서 책을 사 보려 했지만, 올리브유에 관한 책은 있어도 스낵으로 먹는 테이블 올리브에 관한 책은 한 권도 찾아볼 수 없었기에 책을 만들게 되었습니다. 혹시 올리브를 좋아하시나요? 건강하고 맛있는 올리브를 더 정확하게 알고 먹고 싶다면 꼭 추천 드립니다. 다양한 올리브 정보를 귀여운 손 그림과 함께 담았습니다." 이렇듯 올리브 하나만으로 책 한 권이 만들어질 수 있다. 기존 출판 시장에서는 상상도 못 할 일이다. 이 올리브 책은 246만 원을 펀딩받으며 목표액 100만 원을 훌쩍 넘겼다.

| 스토리펀딩과 크라우드펀딩의 차이점

스토리펀딩 기획 당시 제일 큰 고민은 콘텐츠 유료화였다. 하지만

콘텐츠 플랫폼 마케팅

단순히 사고파는 유료화는 어렵다고 판단했다. 2014년 당시 다양한 유료 콘텐츠 서비스들이 고전을 면치 못하고 있었다. 그래서 수용자가 원하는 콘텐츠를 주문 제작한다는 온디맨드On-Demand 개념을 적용하기로 했다. 그리하여 COD Contents On Demand라는 이름으로 프로젝트를 시작했다. PC 시대에는 독자에게 콘텐츠를 밀어주는 방식으로 콘텐츠를 제공했다. 그러나 모바일 시대에는 끌어당기는 방식으로 콘텐츠 소비가 이루어진다. 사용자들이 필요한 콘텐츠를 스스로 끌어당긴다. 즉 '독자들이 필요로 하는 콘텐츠를 직접 의뢰하고 제작에 필요한 비용을 대고 콘텐츠를 제작하는 플랫폼을 만들어보자'는 취지에서 시작했다.

스토리펀딩이 기존의 크라우드펀딩 사이트나 전통적인 모금 사이트와 다른 점은 '스토리'가 있고 '연재'가 된다는 점이다. 인간은 본능적으로 '이야기-내러티브'에 끌린다. 이를 통해 대중에게 효과적인 어필이 가능하다. 콘텐츠 서비스 특성상 기록이 남게 되고 보존 가치가 높아진다. 콘텐츠가 연재되면서 후원자들과 꾸준히 소통할 수 있는 것도 차별점이다. '파티'라는 커뮤니티 기능을 제공했다. 창작자와 후원자가 자유롭게 소통하며 콘텐츠를 함께 만들었다.

크라우드펀딩 서비스의 가장 대표적인 플랫폼은 킥스타터•다. 후원형 크라우드펀딩 서비스의 선구자로 수많은 성공 사례를 만들어내고 있다. 스토리펀딩을 만들 때도 킥스타터를 많이 참고했다. 크

• https://www.kickstarter.com/

라우드펀딩의 경우 대부분 프로젝트의 성격을 가진다. 펀딩 금액이 일정 정도 모이면 그 프로젝트가 마무리되는 형식으로 진행된다. 스토리펀딩은 킥스타터를 벤치마킹하여 만들어졌지만, 모금한 금액을 기반으로 콘텐츠를 연재하게 된다는 점에서 차이가 있다.

킥스타터는 프로젝트에 성공과 실패의 개념이 있다. 만약 100만 원이 목표 금액인데, 99만 원까지만 모았다면 그 프로젝트는 실패로 간주한다. 99만 원은 후원자들에게 모두 환불한다. 스토리펀딩은 실패의 개념이 따로 없다. 프로젝트가 진행되는 동안 콘텐츠가 연재되기 때문에, 그 콘텐츠에 대한 비용이라는 개념으로도 볼 수 있다. 목표액 100만 원에서 10만 원만 모았더라도, 창작자에게 후원금을 지급한다.

이렇듯 연재 방식은 콘텐츠 크라우드펀딩 방식에 적합하다. 꾸준히 연재하면서 후원자들과의 접점을 이어나갈 수 있다는 점도 장점이다. 일례로 킥스타터의 경우 U자형 후원 곡선을 보인다. 초기에는 오픈 효과로 후원금이 모이고, 마지막에는 목표 금액을 채우기 위해 크게 몰린다. 모금액은 프로젝트 성공 여부, 목표 금액, 주제와 상관없이 초기 일주일과 마지막 일주일에 상대적으로 쏠린다. 만약 한 달의 후원을 받는다면, 중간의 2~3주는 별다른 후원 없이 조용하게 진행된다.

스토리펀딩은 보통 1주일에 한 편의 콘텐츠를 연재하면서 펀딩을 진행한다. 프로젝트가 진행되고 있음을 독자에게 꾸준히 환기시

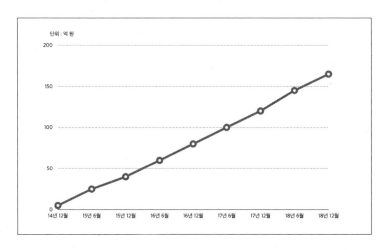

단위 : 억 원

200

150

100

50

0

14년 12월　15년 6월　15년 12월　16년 6월　16년 12월　17년 6월　17년 12월　18년 6월　18년 12월

스토리펀딩의 후원 추이 그래프

키고 후원을 유도할 수 있다. 그래서 스토리펀딩은 후원 추이가 U
자형으로 획일화되지 않는다. 콘텐츠의 퀄리티, 독자의 공감도 등
에 따라 천차만별의 후원 곡선을 보인다. 일종의 '패자부활전'도 가
능하다. 크라우드펀딩 플랫폼 대부분은 시작이 반이다. 초반에 펀
딩이 잘 되지 않으면 이후에 회복하기가 어렵다. 스토리펀딩은 오
픈 직후 펀딩이 잘 안 되더라도, 연재 2회차나 3회차에 다시 부활하
는 경우가 많다. 독자의 의견 등을 보완해 스토리를 선보이면 후원
금이 다시 올라간다. '역주행'은 음원 시장에만 있는 게 아니다.

　작지만 확실한 행복, '소확행'이 대세다. 2030 청년들에게 소확
행은 중요한 삶의 방식이다. 크라우드펀딩에 참여하는 사람들은
1~2만 원이라는 적은 돈으로 본인의 취향을 정확히 저격하는 콘텐

츠들을 보며, 작지만 확실한 행복을 느낀다. 크라우드펀딩은 소확

행의 가장 쉬운 방법이다.

콘텐츠 플랫폼 마케팅

당신의 콘텐츠는
생각보다 비싸다

— 그렇게 많이 팔리지는 않아서 고백하기 부끄럽지만, 필자는 두 권의 책을 썼다. 첫 번째 책은 2009년에 출간한 『대한민국 20대, 자취의 달인』(에쎄)이다. 그때는 20대였다. 지금 책을 펼쳐보면 스무 쪽도 못 읽고 덮어버린다. 20대의 치기 어린 감성이 그대로 느껴진다. '이불 킥'을 할 정도로 오그라든다.

당시 고향인 수원에서 출퇴근하던 필자는, 서울시 성북구 돈암동 성신여대 근처 반지하 방에서 자취를 시작했다. 기자라는 업을 갖고 있었다. 회사가 광화문이어서 가까운 곳에 자취방을 얻었는데, 동시에 회사도 상암동으로 이사를 갔다. 출퇴근 시간은 줄어들지 못했지만, 그래도 독립해서 좋았다. 인턴이 새로 들어왔다. 부산 출신이고 부산에서 학교를 다녔다. 서울 생활은 처음이었다. 노량진 옥탑방에서 자취했다. 같은 20대고 같은 자취생이었다. 돈이 조금 더 있었다면 모든 게 다 갖추어진 풀옵션 원룸에서 살 수 있었다. 적은 예산에 맞추다 보니 한 명은 땅 아래로, 한 명은 하늘 위로 올라갔다. 공감대가 형성됐다. 다양한 이야기를 나누었고 이것을 글로 써보면 좋겠다고 생각했다.

'반지하 남자와 옥탑방 여자의 자취 이야기'라는 주제로 일하고 있던 매체에 연재했다. 기사라기보다는 생활 에세이다. 포털에 종종 노출되면서 이야기가 알려졌다. "공감한다" "힘내라"는 댓글과 함께 "궁상맞다" "지질하다"는 악플이 이어졌다. 출판사에서 출간 제안이 왔다. 두 군데에서 연락이 왔는데, 대표님의 첫인상이 좋았던 곳과 출간 계약을 맺었다. 그때는 없던 말이지만 요즘 말로 '듣보잡'이었던 우리를 작가로 대우해줬다. 그 출판사의 대표님은 이후 토마 피케티의 『21세기 자본』(글항아리, 2014) 한국어판을 독점 출간했다. 피케티 열풍이 불기 전 혜안을 갖고 판권을 계약해둔 덕이다. (혜안이 있으신 분인데, 필자는 아무것도 못 해드려 죄송하다.)

책의 가격은 1만 2,800원이었다. 책으로 큰돈을 벌지는 못했지만, 첫 책이 나왔다는 사실에 만족했다. 사비로 책을 구입해 일가친척들에게 돌렸다. 굳이 친구들을 불러 출간 기념회와 사인회를 했다. 책값도 많이 나왔지만, 술값이 더 나왔다. 출간의 가장 큰 소득은 따로 있다. 노량진 옥탑방에 살던 그분, 지금 필자의 아내다. 두

콘텐츠 플랫폼 마케팅

번째 책은 2017년에 출간된 『스토리의 모험』(생각정원)이다. 스토리펀딩 서비스를 운영하면서 만났던 창작자들의 이야기 27편을 담았다. 창작자들과의 만남과 프로젝트가 완성되는 과정, 독자들의 감동 댓글과 창작자의 프로젝트 이후 근황까지, 그동안 프로젝트에서 소개하지 못한 뒷이야기를 담아냈다.

▌왜 책값은 많이 오르지 않을까

책의 가격은 1만 4,000원이다. 가격을 얘기하는 건, 책을 사 읽으라고 광고하기 위함이 아니다. (물론 아직 팔고 있으니 한 권 사주시면 감사합니다.) 8년 동안 책값이 고작 1,200원 올랐다. 9.4% 상승했다. 8년 전 점심 밥값이 5,000원 내외였다고 기억한다. 현재 점심 밥값은 아무리 싼 것을 찾아도, 직장이 있는 판교 기준 7,000~8,000원이다. 7,000원이라고 쳐도 2,000원이 올랐다. 40%나 상승했다. 밥값이 40% 오르고, 집값은 체감상 그보다 더 올랐다. 다양한 재화의 가격이 물가 상승률을 반영하여 오를 때, 책의 가격은 10%도 상승하지 못했다. 왜 책값은 이것밖에 오르지 않았을까?

독서율이 역대 최저치다. 국민 10명 중 4명은 지난 1년간 책을 한 권도 읽지 않았다. 전체 독서 인구가 줄어들면서 한 해 성인 평균 독서량도 8.3권으로, 2015년 9.1권에 비해 0.8권 줄어들었다. 문화체육관광부가 실시한 '2017년 국민독서 실태조사' 결과의 내용이다. 만 19세 이상 성인 6,000명과 초등학생(4학년 이상) 및 중·고등학생 3,000여 명을 대상으로 조사했다.[*] 역대 최저치로, 책을 읽지 않는단다. 출판사들은 지레 겁을 먹는다. 가격을 높이고 싶어도 높일 수가 없다. 가뜩이나 잘 사 읽지 않는 책을 비싸게 받으면 더 사지 않을 거라 생각한다. 그렇게 책값은 몇 년째 제자리걸음이다.

책을 쓰는 저자에게 노동의 가치가 온전히 전달되지 않는다. 아무리 많이 팔아도 책을 쓰는 데 들인 시간, 열정, 비용, 지식 노동과 육체적 노동의 대가를 받기 어렵다. 책을 만드는 사람도 그렇다. 많은 출판업계 종사자들이 경제적으로 어려운 환경에서 책을 만들어내고 있다. 책 한 권이 정말 1만 4,000원밖에 받을 자격이 없을까?

| 콘텐츠 유료화라는 어려운 미션

"이제 회사 그만두라는 얘긴가?" 2014년 처음 프로젝트가 시작됐을 때, 실의에 빠졌다. 권고사직의 다른 이름인 줄 알았다. 우리는 '콘텐츠 유료화'라는 어려운 미션을 받았다. "그게 가능해?" 콘텐츠가 가야 할 길이다. 이상향이며 옳은 길이다. 그래서 필자가 "콘텐츠 유료화 프로젝트를 하고 싶다"고 하기는 했다. 다만, 하고 싶은 것과 할 수 있는 것은 다르다. 해보고 싶다는 것을 정말 하라고 할 줄은 몰랐다. 언제 한다는 얘기도 안 했다. 지금은 곤란하다. 해도 5년 후에나 할 줄 알았다. 그런데 그런 일이 실제로 일어났다.

● 〈노컷뉴스〉, 2018년 2월 5일자, 「국민 10명 중 4명, 1년간 책 한 권 안 읽었다」, http://www.nocutnews.co.kr/news/4918370

콘텐츠 플랫폼 마케팅

콘텐츠를 앞에 두고 독자들은 지갑을 굳게 닫는다. 닫은 지 꽤 됐다. 처음에는 온라인이 공짜로 콘텐츠를 보여주기 시작했다. 2000년대 초였다. 똑같은 콘텐츠를 돈 내고 볼 이유가 없었다. 몇 년째 구독하던 신문을 끊었다. 아무리 자전거를 준다 해도 독자들은 신문을 외면했다. 2000년대 중반, 무가지가 생겼다. 공짜 신문은 경쟁이 치열했다. 무가지 판촉원은 형형색색의 점퍼를 입었다. 대통령 선거 운동원 같았다. M 무가지는 초록색, F 무가지는 빨간색이었다. 서로 자기네 신문을 보라고 지하철역 앞에서 진을 쳤다. 지나가는 사람을 붙잡고 무가지를 꼭 쥐여주었다. 신문과 잡지를 쭉 나열해놓고 팔던 가판대가 사라졌다.

2010년대에 접어들면서 무가지와 판촉원들은 사라졌다. 스마트폰이 빈자리를 채웠다. 무가지가 없던 시절, 스마트폰이 없던 시절, 사람들은 신문이나 책을 사서 봤다. 그러나 모바일 시대에 접어들면서 콘텐츠를 돈 내고 사 보지 않아도 됐다. 콘텐츠는 풍요로웠다. 돈을 낼 이유가 굳이 없었다. 이렇게 소비자의 지갑은 닫혔다. 콘텐츠는 무료로 풀렸고, 거기에 각종 비즈니스가 합세하면서 다양해졌다. 양적으로는 풍족해졌지만, 질적 성장이 함께하지 않았다. 공짜 콘텐츠 시장에서 어떻게든 살아남기 위해 더 자극적인 내용과 사진을 담고, 파격적인 제목을 달기 시작했다. '검색어 사냥' '어뷰징 기사'라는 말에, 그것을 생산하는 '기레기'라는 말까지 생겼다. 조회수가 광고 매출과 연계되기 때문에 그들도 이러면 안 되는 것을 알지만 어쩔 수 없는 선택이었다.

　이런 상황에서 필자는 '콘텐츠 유료화'라는 미션을 수행하게 됐다. 무료 콘텐츠 시장은 콘텐츠 생산자와 소비자 사이에 광고주가 끼어 있는 구조다. 이 구조에서는 생산자도 소비자도 100% 만족할 수 없다. 생산자는 광고주의 눈치를 봐야 하고, 소비자는 보고 싶지 않은 광고를 봐야 한다. 그러므로 생산자와 소비자는 직접 만나야 한다. 연결된 소비자가 생산자에게 콘텐츠의 정당한 가치를 지불한다면, 이런 구조는 어느 정도 개선될 수 있다고 생각했다.

　2014년 9월 '뉴스펀딩'(스토리펀딩의 전신)이라는 이름으로 콘텐츠 크라우드펀딩 플랫폼을 론칭했다. 처음에는 저널리즘을 중심으로 시작했다. 기자들이 본인의 콘텐츠를 알리고, 여기에 응원하거나 참여하고 싶은 사람이 크라우드펀딩 방식으로 후원했다. 2015년 10월에는 스토리펀딩으로 확대 개편했다. 다양한 콘텐츠 영역의 요청이 있었다. 저널리즘 콘텐츠에 더해 출판, 아트, 스타트업 등으로 분야를 확장했다. 스토리펀딩은 약 42만 명의 후원자에게 약 165억 원의 펀딩을 받았다.

▍콘텐츠의 가격은 소비자가 정한다

2014년, 처음 서비스를 론칭할 때는 자신이 없었다. 필자조차도 콘텐츠에 돈을 내지 않는데 과연 독자들이 지갑을 열까 걱정했다. 그래서 콘텐츠의 비용을 한정했다. 1,000원을 최저로, 1만 원을 최고 금액으로 정했다. 1,000원 이하는 너무 적었고, 1만 원 이상은 내는 사람이 없을 거라고 생각했다. 그런데 서비스를 오픈한 지 한 달 정도 지났을 때, 독자의 강성 항의가 들어왔다. "제가 50만 원을 후원하고 싶은데, 왜 1만 원밖에 후원을 못 하게 해놓았나요? 중복은 가능한 것 같아서 50번이나 결제했어요. 이 부분은 개선해주세요."

항의이긴 항의인데, 애정 어린 따뜻한 항의였다. 당시 50번이나 중복 결제를 하는 독자분의 모습을 상상해봤다. 괜히 미안해지면서 가슴이 뜨끔했다. 우리의 판단이 틀렸음을 알았다. 스스로 콘텐츠의 가격을 규정했다. '이건 1만 원짜리'라고 콘텐츠에 가격을 매겨버린 것이다.

바로 새로운 기능을 적용했다. 일종의 백지 수표 기능인 '통 큰 후원'이다. 독자가 정해진 리워드 금액에 상관없이 원하는 금액을 입력할 수 있는 기능이다. 현재 약 50%의 후원자가 콘텐츠가 마음에 들면 정해진 금액이 아닌 '통 큰 후원'을 한다. 한 번에 1000만 원을 내신 분도 있다. 700만 원, 500만 원을 내신 분은 아주 많아서 손에 꼽기 어려울 정도다.

'콘텐츠의 가격은 소비자가 정한다.' 스토리펀딩을 운영하면서 가장 크게 배운 점이다. 콘텐츠의 가격은 소비자가 결정한다. 지레 겁먹을 필요 없다. 콘텐츠만 좋으면 독자는 언제든 주머니를 열 준비가 되어 있다. 스토리펀딩뿐만이 아니다. 콘텐츠 유료화의 새로운 모델로 각광받고 있는 '퍼블리'* 플랫폼에서는 프리미엄 리포트가격이 1만 7,000원 내외다. 실물 책이 아닌 온라인에서 볼 수 있는 리포트만 제공해주는데 실물 책보다 가격이 비싸다. 책보다 비싸지만 독자들은 좋은 콘텐츠에 그 정도 값을 지불할 만한 가치를 느낀다. 퍼블리의 프로젝트 대부분은 성공하고 있다.

스토리펀딩의 총 후원액은 165억 원이고 총 후원자 수는 42만 명이다. 총 후원액을 총 후원자 수로 나눠보면 1인당 평균 후원액으로 3만 9,000원이라는 수치가 나온다. 한 명이 3만 9,000원 정도는 후원을 한다고 해석할 수 있다.

스토리펀딩에서 가장 많이 진행된 리워드 유형은 책이다. 보통 책한 권을 리워드로 제공한다. 통계적으로 유의미하지는 않지만, 책 한권을 받기 위해 3만 원 이상은 지불할 용의가 있다고 해석할 수 있다. 실제로 많은 프로젝트에서 3만 원의 리워드가 책 한 권이다.

1인당 후원액은 2014년 기준 1만 원이었으나, 3만 9,000원까지 꾸준히 상승했다. 독자의 마음을 움직인다면, 독자를 울고 웃게 하고 몰입하게 한다면, 독자는 기꺼이 지갑을 연다. 이런 가설을 데이터로 계속 증명해 보이고 싶다. 그리고 언제 나올지 모르는 필자의 다음 책은 가격을 좀 더 높이자고 이야기해볼 생각이다. 당신의 콘텐츠는 생각보다 비싸다.

• https://publy.co/

콘텐츠 플랫폼 마케팅

뉴스펀딩은
왜 스토리펀딩이 됐나

— 2014년 뉴스펀딩을 준비하면서 필자의 처지는 딱 장돌뱅이였다. 콘텐츠에 정당한 가치를 지불하는 플랫폼, 콘텐츠 생산자들이 생계 걱정 없이 콘텐츠 제작에만 집중할 수 있는 생태계. 구호는 좋았다. 명분도 괜찮았다. 하지만 이는 콘텐츠를 담을 그릇에 대한 이야기다. 그릇의 명분은 만들었지만, 여기에 담을 내용을 찾기가 어려웠다.

우선 언론사를 중심으로 '영업'했다. 뉴스 콘텐츠의 유료화를 목적으로 시작했기에 신문사, 방송사 등 언론사가 가장 적절했다. 물건을 팔지는 않았지만 영업이라는 말이 딱 어울린다. 뉴스펀딩이 무엇인지 소개하고 참여하자고 독려했다. 영업에 가까운 파트너 제휴 업무였지만 '차라리 영업이 더 쉬울 수도 있겠다'고 생각했다. 물건은 실체라도 있지, 콘텐츠 플랫폼은 정식으로 오픈되기 전까지 무엇인지 알 수가 없다. '콘텐츠로 돈을 받을 수 있는 플랫폼'이라고 말하면 대부분 "무료로 풀리는 기사에 어떻게 돈을 받는 게 가능하느냐"며 사기꾼 보듯 쳐다봤다. 다행히 뜻에 동참하는 언론사와 1인 창작자를 영입했고, 여덟 개의 프로젝트로 2014년 9월 뉴스펀딩을 론칭했다.

▌뉴스 콘텐츠의 한계

초기에 생각했던 뉴스 콘텐츠 유료화의 키워드는 '분노' '꿀팁' '팬심'이었다. 여기에 맞추어 다양한 실험을 진행했다. 그 결과 1년에 30억 원을 모으며 무료가 당연시되는 저널리즘 시장에서 의미 있는 성과를 거두었지만, 유료 콘텐츠를 다양한 영역으로 확대하는 데 뉴스라는 형식은 한계가 있었다. 첫째, '분노' 콘텐츠는 돈을 받는 주체가 모호했다. 사람들에게 분노를 일으키는 뉴스를 내보내면, 세상이 바뀌기를 바라는 마음이 기자에 대한 금전적 후원으로 이어지지 않을까 생각했다. 공정하고 객관적인 취재를 한다, 세상의 부조리를 알린다, 사회에 긍정적 영향을 미치는 뉴스를 내보낸다, 이런 과정에 동조하는 독자들은 돈을 낸다는 가설이었다. '내 돈이 사회를 건강하게 바꾸는 데 쓰인다'는 심리적 만족감도 고려했다.

범죄에 피해를 입은 사람, 화상 피해를 입은 사람, 억울하게 살인

누명을 쓴 사람 들에 대한 이야기를 소개했다. 이런 취재가 계속되기 위해서는 기자에게 취재비를 후원해야 한다는 명분을 제시했다. 하지만 대부분의 독자들은 피해의 당사자, 누명을 쓴 당사자를 돕는다는 취지로 돈을 지불했다. 결국 콘텐츠 유료화의 본질인 콘텐츠 생산자에게 직접 돈이 지불되는 구조는 만들기 어려웠다. "왜 기자가 돈을 가져가느냐"며 항의하는 독자도 일부 있었다.

두 번째로 '꿀팁'은 너무나 많았다. 무료 콘텐츠가 수없이 쏟아지는 온라인에서 '굳이 돈 주고 볼 이유'를 만들어내야 했다. 다양한 콘텐츠 생산자들이 정보성 콘텐츠를 만들어낸다. 의미 있는 정보는 공유가 잘된다. 짧은 동영상이 대세가 되면서, 광고를 붙이기도 용이해졌다. 영상이 짧게 쪼개지다 보니 광고가 노출될 기회가 더 많아졌다. 1~2분짜리 정보를 보기 위해서 5~15초 동안 광고를 보는 방식이 익숙해졌다. '꿀팁' 콘텐츠는 광고라는 훌륭한 비즈니스가 이미 자리 잡고 있었다. 기자들까지 이 영역에 뛰어들기에는 이미 늦은 감이 있었다.

현재 정보성 콘텐츠는 단순하게 '내 정보가 좋으니 온라인에서 돈 주고 사서 보라'는 온라인 전략보다는 '나만 가진 정보를 어딘가에 모여서 따로 알려줄게'라는 오프라인 전략을 취하고 있다. 온라인과 오프라인 콘텐츠의 연결이다. 온라인은 전파성이 강하다 보니 '정보 희소성'을 무기로 삼기 어렵다. 오프라인에서는 전파성은 떨어지지만, 더 자세한 정보를 얻을 수 있다. 텍스트에서 찾기 어려운 콘텍스트(맥락)까지 느낄 수 있다. 온라인에서는 경험하기 어려운 네트워크 형성도 가능하다. 정보성 유료 콘텐츠는 돈을 지불하면 온라인은 물론 오프라인에서도 새로운 경험을 제공해주는 방식으로 옮겨가고 있다.

세 번째는 스타 기자의 부재였다. 돈을 이끌어내는 요인 중 '팬심'을 주요 키워드로 잡았지만, 팬을 보유한 기자가 생각보다 많지 않았다. 유료화가 가능한 뉴스는 적어도 몇 주는 매달려야 하는 탐사 보도에 어울린다고 생각했다. 필자만의 생각이 아니라 이야기를 나눴던 기자들도 탐사 보도를 하고 싶어 했다. 퀄리티가 높은 저널리즘으로 기사에 제대로 된 가치를 매기고 싶어 했다. 탐사 보도만이 기자가 팬을 확보할 수 있는 가장 빠른 길이라 생각했다. 그에 가장 적합한 예는 주진우 기자다. 권력을 겨냥한 탐사 보도로 세상에 큰 메시지를 주었다. 현재는 방송 출연도 하며 더욱 왕성하게 활동하고 있다. 주 기자는 스토리펀딩의 스타팅 멤버로 참여해 두 번의 프로젝트에서 총 2억 5000만 원의 펀딩을 받았다. 그는 초기 붐업에 큰 역할을 했다.

일부 언론사는 스타 기자의 탄생을 반기지만은 않았다. 많은 기자들이 과중한 업무량을 소화한다. 신문은 매일 지면을 채워야 하고, 방송은 매일 뉴스 분량을 확보해야 한다. 온라인 언론사도 마찬가지다. 하루하루 그날의 뉴스를 생산하기 바쁜 언론사에서 긴 호흡의 기사는 만들기 어렵다. 대단한 필력이 아니면 짧은 호흡의 기사로 팬을 확보하기도 어렵다. 스타가 된 기자는 1인 미디어라든지 다양한 방향으로 나갈 수 있기 때문에 이를 우려하는 언론사도 많았다.

초기 생각했던 '분노' '꿀팁' '팬심'의 키워드가 작동하기는 했다. 뉴스펀딩은 1년에 30억 원 펀딩이라는 의미 있는 성과를 거두기도 했다. 하지만 성장에 한계를 느꼈다. 분노를 일으키는 콘텐츠는 독자를 혼란스럽게 했고, 꿀팁 정보는 범람했으며, 팬심을 유발하는 기자는 주진우 기자가 거의 독보적이었다. 저널리즘만으로는 어려웠다. 확장에 대한 고민이 필요했다. 그렇게 뉴스펀딩은 기존의 저널리즘에 출판, 스타트업, 아트, 캠페인, 라이프, 다섯 개의 카테고리를 추가해 스토리펀딩으로 확대 개편하게 되었다.

| 지식 셀럽의 출현

'시사상식사전'에 따르면 '셀럽'은 "유명인celebrity의 줄임말. 누구나 따라 하고 싶은 정도의 유명인사 또는 현재 유행을 이끄는 트렌드 등을 의미한다. 2010년대 들어 일반인을 대상으로 한 각종 리얼리티 방송프로그램, 오디션 프로그램이 인기를 끌면서, 가수나 배우와 같은 연예인은 아니지만 큰 인지도를 자산으로 살아가는 유명인, 즉 셀럽이 증가하고 있다." 즉 연예인은 아니지만 인지도를 자산으로 살아가는 유명인이다. 약간 낮추어 본다는 느낌이 있다. 필자가 보는 셀럽의 정의는 이렇다. "현재 유행을 이끌고 트렌드를 선도한다. 전문성과 경험을 바탕으로 사람들에게 영감을 주는 유명인."

연예인만 셀럽이 될 필요는 없다. 본인의 전문성이 있고 그것이 수용자에게 큰 감동, 혹은 영감을 준다면 충분히 셀럽의 자격을 갖추었다고 본다. 이런 새로운 셀럽의 출현은 TV 방송과 떨어져 생각할 수 없다. 새롭게 셀럽으로 유입되는 대부분의 사람들은 TV 방송으로 발굴된다. 새로운 셀럽을 많이 발굴하는 방송은 현시대의 트렌드를 만들어간다.

언젠가부터 지상파를 잘 보지 않는다. TV를 많이 보는 편은 아니지만, 보더라도 tvN 혹은 JTBC 위주로 본다. 3~4년 전부터 이 두 방송사가 방송의 트렌드, 나아가 현재 대한민국 전체의 트렌드를 주도하고 있는 것 같다. 요리, 여행, 힐링 등으로 이어지는 트렌드의 출처를 살펴보면 이 두 개 방송사의 활약이 크다. JTBC〈냉장고를 부탁해〉, tvN〈수요미식회〉이후 요리와 먹방 등 먹을 것에 대한 방송이 큰 인기를 끌기 시작했다. 먹방 열풍이 불었고 전국의 맛집을 찾아다니는 게 사람들의 취미 생활처럼 자리 잡았다. 황교익, 최현석, 이연복 등 연예인이 아닌 기존에 없던 새로운 형태의 셀럽을 만들어냈다.

tvN의〈꽃보다 ○○〉시리즈는 배낭여행이라는 트렌드를 만들었다. 기존의 배낭여행이 20대 청년들의 전유물이었다면, 전 연령층으로 확대하는 데 큰 역할을 했다. JTBC〈뭉쳐야 뜬다〉는 역으로 장년층 위주의 패키지여행을 젊은 층으로 확대하는 역할을 했다.

tvN 〈윤식당〉과 JTBC 〈효리네 민박〉은 힐링 트렌드를 주도했다. 지상파 방송은 1~2년 뒤에야 비슷한 포맷의 프로그램을 정규 편성했다.

두 방송사가 다양한 트렌드를 만들어냈지만, 빼놓을 수 없는 게 있다. '지식 셀럽'의 출현이다. tvN의 〈알쓸신잡〉과 〈어쩌다 어른〉, JTBC의 〈차이나는 클라스〉와 〈말하는대로〉는 새로운 셀럽의 유형을 만들었다. 유시민 작가, 정재승 교수, 김영하 작가, 설민석 강사 등이 방송을 통해 '지식 셀럽' 반열에 올랐다. 모두 연예인은 아니다. 각자의 전문 분야가 뚜렷하다. 방송을 통해 본인이 가진 지식과 경험을 전달하고 새로운 영감을 준다.

〈말하는대로〉에서 스토리펀딩 쪽으로 종종 섭외 문의가 들어왔다. 전문성을 갖고 있으며 스토리를 풀어낼 수 있는 스토리펀딩 창작자를 찾았다. 실제로 재심 전문 박준영 변호사가 방송에 출연했다. 방송에 나와 스스로 유명인이라고 얘기했다. "알아보는 사람이 많아 피곤하다"고도 했다. 하지만 진짜 유명한 사람은 스스로 유명인이라 얘기하지 않는다. 초반에는 예능이라는 프로그램 성격에 맞게 무리수 농담을 던지기는 했지만, 억울한 사람의 누명을 벗겨준 본인의 경험을 토대로 법과 정의란 무엇인지 이야기했다. 진정성 있는 이야기는 감동을 주었다. 박준영 변호사는 다시 보고 싶은 연사 특집 방송에 다시 초대되기도 했다.

출판사가 지식 셀럽의 MCN이 되면 어떨까

콘텐츠 플랫폼은 초기 붐업이 중요하다. 초반에 이슈를 일으키지 못하면 오래 살아남기 힘들다. 이슈를 만들기 가장 좋은 방법은 셀럽 마케팅이다. 많은 신규 플랫폼이 셀럽을 활용한다. '셀럽이 사용하는 플랫폼'이란 메시지는 이름이 알려지지 않은 플랫폼의 유용한 홍보 수단으로 사용할 수 있다. 스토리펀딩의 붐업을 위해서는 셀럽이 필요했다. 셀럽은 우리가 쉽게 접근하기 어려웠다. '장돌뱅이'처럼 돌아다니며 다양한 협업을 시도했지만 잘 되지 않았다. 이때 출판사 측에서 큰 도움을 주었다. 출판사는 이미 셀럽과 많은 작업을 하고 있었다. 특히 스토리펀딩과 같은 텍스트 위주의 플랫폼에 어울리는 지식 셀럽, 작가 셀럽을 많이 알고 있었다.

플랫폼 운영 초기에는 생각지도 못했던 지식 셀럽을 섭외할 수 있었다. 유시민 작가는 '유시민의 글쓰기 고민상담소' 프로젝트를 함께 진행했다. 유시민 작가의 책 출간을 앞두고 사전 마케팅 형태로 결합했다. 책의 내용을 기반으로 스토리펀딩에 새로운 콘텐츠를 제공하고, 독자의 의견을 받아 직접 글쓰기에 대한 상담을 해주기도 했다. 상호작용이 자유로운 모바일 플랫폼의 특성을 잘 활용한 사례. 후원금으로 지역아동센터에 책을 기증하는 공익적인 역할도 했다.

'이지성의 생각하는 인문학' 프로젝트도 매우 잘된 사례. 당시로는 드물게 1억 원이 넘는 펀딩 금액을 모았다. 이지성 작가의 인

스토리펀딩 프로젝트 '하나도 거룩하지   스토리펀딩 프로젝트 '유시민의 글쓰기
않은 파산 변호사'   고민상담소'

문학 관련 콘텐츠를 소개하고, 후원자에게는 리워드로 책을 지급했
다. 또한 모아진 후원금은 지역아동센터와 공부방에 기부했다. 뿐만
아니라 스토리펀딩은 지식 셀럽 사이의 만남도 주선했다. 스토리펀
딩의 내용을 바탕으로 『지연된 정의』(후마니타스, 2016)라는 책을 출
간한 박준영 변호사와 박상규 기자는 전국을 돌며 토크콘서트를 진
행했다. 인기의 척도라 할 수 있는 전국 순회공연을 한 셈이다.

　플랫폼은 어디에서도 볼 수 없는 좋은 콘텐츠를 원한다. 출판사는
그 콘텐츠를 만들어낼 작가, 지식 셀럽 들과 긴밀한 관계를 유지하
고 있다. 그 콘텐츠에는 '꿀팁' '분노' 등 독자의 지갑을 열 키워드도
담겨 있다. '팬심'을 유발하기도 한다. 플랫폼과 출판사는 윈윈할 수
있는 많은 요소를 갖췄다. "MCN^Multi Channel Network, 다중채널네트워크은

유튜브 등 콘텐츠 플랫폼에서 활동하는 1인 제작자를 지원·관리하는 기획사를 말한다. 인터넷에서 활동하는 1인 제작자들의 콘텐츠 유통과 저작권 관리, 광고 유치, 파트너 관리 등 전반적인 업무를 지원하고 그에 따른 수익을 나눈다."

출판사는 지식 셀럽들의 콘텐츠를 유통하고 새로운 기회를 제공한다. 지식 셀럽을 지원하는 매니지먼트 형태다. 출판사는 새로운 MCN의 형태가 될 수 있지 않을까? 책을 내주고, 그 책을 기반으로 다양한 기회를 제공해준다. 온라인 플랫폼을 통해 이 책의 콘텐츠를 널리 알린다. 오프라인으로 팬들과 연결해주고, 인지도를 쌓게 해준다. 물론 오프라인의 모객은 온라인 플랫폼을 이용한다. 이를 바탕으로 지식 셀럽들에게 방송 출현, 대규모 강연 등 더 큰 기회를 연결하는 것이다. 출판사가 단순히 책을 만들어 파는 역할에서 지식 셀럽 MCN 사업으로 범위를 확장해보면 어떨까? 그렇게 된다면 '지식 엔터테인먼트'라는 새로운 영역을 개척해볼 수 있다. 이는 질 좋은 콘텐츠와 셀럽을 원하는 플랫폼과 윈윈할 수 있는 좋은 모델이 될 것이다.

팔리는 콘텐츠는
다르다

— 스토리펀딩은 '스토리'로 '펀딩'을 받는다. 이야기에 돈이 붙는다. 온라인 생태계에서는 '콘텐츠는 무료'라는 인식이 강하다. 콘텐츠 옆에 금액이 붙어 있으니 다들 신기해한다. 가령 이런 질문을 많이 받는다. "사람들이 정말 돈을 내나요? 누가 내나요? 어떻게 해야 내나요?" 모바일 시대에 접어들면서 사람들이 돈을 내기 시작했다. 앞서 말했듯 나와 결합된 최적의 '개인화 디바이스'인 모바일에는 정말 좋은 것만 담고 싶다는 '개인의 욕망'과 이성적 판단을 무력화하는 '간편 결제' 서비스가 있어 콘텐츠 유료화에 최적의 기회다.

누가 내는지, 어떻게 해야 하는지에 대해서는 이렇게 답한다. "누가 내는지 특정할 수 없습니다. 콘텐츠 성격에 따라 다릅니다. 20대가 돈을 내는 콘텐츠가 있고, 60대 이상이 돈을 내는 콘텐츠가 있습니다. 중요한 건 예전처럼 콘텐츠로 모두를 만족시킬 필요는 없다는 겁니다. 타깃을 정했으면 그들을 최대한으로 만족시킬 방법만 찾으면 됩니다."

▎모두가 관심을 바라고 콘텐츠를 만든다

콘텐츠는 감상형 콘텐츠, 정보형 콘텐츠, 선호형 콘텐츠, 관심형 콘텐츠, 이렇게 네 개의 유형으로 나눠볼 수 있다.

대중은 콘텐츠를 좋아한다. 콘텐츠는 기분을 좋게 한다. 분노를 일으킨다. 슬프게도 한다. 독자는 콘텐츠를 소비하면서 다양한 감정을 느낀다. 감정을 일으키는 콘텐츠를 '감상형 콘텐츠'로 분류할 수 있다. 감상형 콘텐츠는 사람들을 울고 웃게 한다. 감정의 변화를 일으킨다. 때때로 변하는 감정과 처한 상황의 변화에 따라 원하는 콘텐츠의 종류가 달라진다. 개개인은 어떤 콘텐츠를 좋아하고 싫어하는지 대체로 명확하게 구분한다.

콘텐츠는 유용한 정보를 제공한다. 이성적 판단을 돕는다. '연말정산 많이 돌려받는 법'이나 '항공권 싸게 예매하는 법' 등은 많은 사람들이 꾸준히 찾는 스테디셀러 콘텐츠다. 이를 '정보형 콘텐츠'라 부를 수 있다. 개인의 호불호와 관계없이 대부분의 사람들이 좋아하는 콘텐츠가 있다. '선호형 콘텐츠'다. 아름다운 선행이 담긴 미담 기사, 귀여운 동물의 모습이 담긴 사진 등을 뜻한다.

콘텐츠 플랫폼 마케팅

관심을 모으는 콘텐츠가 있다. 이는 개인의 호불호나 감정과 상관없이 모두가 관심을 가지는 콘텐츠다. 평창 동계 올림픽에서 금메달을 따거나, 현직 대통령이 파면당하거나, 드레스의 색깔이 파란색인지 금색인지 알아맞히는 등의 콘텐츠다. 이를 '관심형 콘텐츠'라 부를 수 있다.

콘텐츠를 생산하는 많은 사람들은 대부분 '선호형 콘텐츠'나 '관심형 콘텐츠'를 만들고 싶어 한다. 많은 독자에게 노출되는 콘텐츠이기 때문이다. 노출이 많으면 그만큼 다양한 기회와 연결된다. 광고를 붙여 돈을 벌 수 있고, 개인의 브랜딩 효과도 노려볼 수 있다. 관심을 모으는 콘텐츠를 만들면 돈도 따라올 거라고 생각한다. 그래서 대부분은 누구나 관심을 가질 만한 콘텐츠를 만들고 싶어 한다. 하지만 관심을 모으는 콘텐츠와 돈을 모으는 콘텐츠는 다르다.

스토리펀딩 데이터를 보면 알 수 있다. 콘텐츠의 조회수가 많다고 펀딩이 많이 되는 것은 아니다. 물론 어느 정도 영향은 미치겠지만, 트래픽과 펀딩 금액이 완전히 비례하지는 않는다. 조회수가 높지 않더라도, 특정 독자들에게 콘텐츠 내용을 잘 어필했거나, 어디서도 얻기 힘든 정보를 제공했다면 펀딩 금액은 높아진다.

좋은 스토리펀딩 프로젝트의 예는 '풍운아 채현국과 시대의 어른들'이다. 이 콘텐츠는 〈경남도민일보〉 김주완 기자가 진행한 프로젝트다. "노인들이 저 모양이란 걸 잘 봐두어라"라는 말을 남기며 이슈가 됐던 채현국 효암학원 이사장에 대한 이야기다. 『풍운아 채현

스토리펀딩 프로젝트 '풍운아 채현국과 시대의 어른들'

국』(피플파워, 2015)이라는 출간 서적의 마케팅 프로모션을 겸한 프로젝트였다. 스토리펀딩에는 책에 담긴 채현국 이사장의 스토리 중 일부를 담았다. "시대의 어른으로 떠오른 채현국 이사장의 일갈은 앞뒤 막힌 노인 세대를 향한 말이 아니었다. 그들을 욕하는 젊은 세대 역시 끊임없이 공부하고 성찰하고 고민하지 않으면 똑같은 꼴이 된다는 엄중한 경고였다." "자기 껍질부터 못 깨는 사람은 또 그런 늙은이가 된다는 말입니다. 저 사람들 욕할 게 아니고, 저 사람들이 저 꼴밖에 될 수 없었던 걸 바로 너희 자리에서 너희가 생각 안 하면 저렇게 된다는 거지."

후원자에게 책을 증정하는 프로젝트였는데 918만 원이나 모았

콘텐츠 플랫폼 마케팅

다. 목표했던 300만 원을 훌쩍 뛰어넘어 목표액의 306% 초과 달성했다. 이 프로젝트가 재밌었던 점은 어르신들의 후원 비율이 굉장히 높았다는 것이다. 일례로 고객센터에 이런 문의가 있었다. "후원을 하려고 하는데, 인터넷으로만 되더라고요. 제가 인터넷 결제나 간편 결제 같은 건 할 줄 모르는데, 혹시 계좌이체를 하면 안 되나요?"

60대 이상의 어르신이 인터넷이나 모바일로 콘텐츠를 접하고 직접 돈을 결제하는 사례는 많지 않다. 하지만 '풍운아 채현국과 시대의 어른들' 프로젝트에는 어르신들이 후원하는 사례가 상당히 많았다. 이들은 "채현국 선생님의 의견에 공감합니다" "말씀 새겨듣고 저도 좋은 어른이 되겠습니다" 등의 의견을 남기며 후원했다.

이를 '공감형 콘텐츠'라 부를 수 있다. 본인이 처한 상황이나 감정, 직접 경험하지는 않았지만 콘텐츠를 통한 간접 경험 등이 후원자의 공감을 불러일으켰다. 콘텐츠에 지갑을 여는 데 큰 도움을 줬다. 독자에게 '공감'을 불러일으키면, 돈은 따라온다.

▍돈을 모으는 정보성 콘텐츠, 더 깊고 더 좁게

'사람을 살리는 건축재료 처방전' 프로젝트는 1000만 원이 넘는 금액을 펀딩받았다. 건축 재료 전문 매거진인 〈감GARM〉의 출간 비용을 받는 프로젝트다. 프로젝트에 대한 설명을 보면 이렇다. "건축재료 처방전 〈감〉 매거진은 개인의 창조력을 현실화하는 방법을 함께

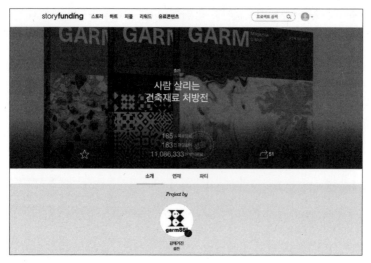

스토리펀딩 프로젝트 '사람을 살리는 건축재료 처방전'

논의하기 위해 만들었습니다. 사람에게 가장 중요한 의식주 중에서 '주'를 중심으로 자신의 공간을 스스로 만들 수 있는 최소한의 방법을 마련하기 위해 건축의 가장 작은 단위인 재료에 대해 고찰합니다. '감'은 순우리말로 재료를 뜻합니다. 건축 재료인 감의 씨앗으로 창조성과 새로운 문화를 바탕으로 발아해 새로운 재료와 그 구축 방법에 관한 정보를 축적하고 재배치하는 일을 수행하는 창작 집단으로 당신의 공간에 적합한 재료를 처방합니다. 스토리펀딩을 통해 모인 소중한 기금으로 〈감〉 매거진 시즌 2의 「페인트」「타일」「바닥재」뿐 아니라 「금속」「유리」「석재」「단열」「친환경」까지 안전하고 아름다운 건축과 인테리어를 하는 데 꼭 필요한 정보를 모아 지속해서 단행본을 낼 예정입니다."

이 프로젝트는 건축 전문 매거진 〈SPACE(공간)〉의 에디터 출신인 심영규 건축 PD가 진행했다. 건축 에디터의 경험을 살려 전문 매거진을 만들었다. 주변에 건축 관련 능력자들을 모았고, 어디에서도 찾아볼 수 없는 전문성 있는 매거진을 만들었다. 매거진 세 종이 6만 원 정도로 저렴하지 않은 금액인데도 많은 독자들이 펀딩에 참여했다.

"집 짓기의 첫 단추를 〈감〉 매거진과 함께하려 합니다. 다음 책도 빨리 만나보고 싶습니다" "저는 '타일쟁이'입니다. 공감하는 부분이 많아 퍼가고 싶은데요. 승낙해주신다면 저희 커뮤니티에 내용을 올리겠습니다." 응원의 댓글을 남긴 독자 대부분은 직접 집짓기를 하려는 사람, 타일 시공하는 사람 등 건축 분야에 관심이 있거나 관련 종사자다. 프로젝트를 통해 어디서도 얻을 수 없는 정보를 제공했고, 여기에 독자들은 열광했다. 기꺼이 지갑을 열어 돈을 지불했다.

'정보성 콘텐츠'는 돈을 모을 수 있다. 누구나 관심을 갖고 선호하는 콘텐츠가 아니어도 된다. 오히려 누구나 관심을 가질 만한 정보성 콘텐츠는 돈을 내게 하는 데 방해가 될 수 있다. 이 콘텐츠는 '내 것'이 아니라는 생각을 줄 수 있다. '더 깊고 더 좁게' 파고 들어가야 한다. 〈감〉 매거진은 건축 전반에 대한 정보가 아닌, 재료 하나하나에 초점을 맞췄다. 책 한 권의 제목이 「페인트」「타일」「바닥재」「목재」「콘크리트」「벽돌」이다. 한 권 한 권 정체성이 명확했다. 이 분야에 관심 있는 사람들의 이목을 끌기 충분했다.

심영규 PD는 건축 재료와 관심 있는 후원자라는 좋은 데이터를 얻었다. 후원자들과 오프라인 파티도 열었다. 건축에 관심 있는 독자들을 직접 만나 관계를 강화했다. 이들을 기반으로 다양한 비즈니스를 할 수도 있다. 2장(가장 좋은 콘텐츠는 연결된 콘텐츠다)의 한 꼭지인 「빅데이터를 믿지 마세요」에서 언급할 진정한 팬을 활용한 사례다.

| 특정 소수의 최대 행복, 마이크로 타기팅

'관심형 콘텐츠'는 모든 사람들의 이목을 집중시키는 것이 가장 큰 목적이다. 커뮤니케이션 통로가 단순하던 PC 시절에는 모두를 만족시키는 게 어렵지 않았다. 그러나 모바일은 다양성의 시대다. 개인화된 디바이스는 개인의 선호를 더욱 효과적으로 반영한다. 누구나 관심을 가질 만한 관심형 콘텐츠를 만들기 어려운 환경이 됐다. 관심형 콘텐츠가 모두를 만족시킬 '매스 타기팅' 전략이 필요하다면, 공감형·정보형 콘텐츠는 특정한 소수를 만족시킬 '마이크로 타기팅' 전략이 필요하다. '공감형 콘텐츠'와 '정보형 콘텐츠'는 돈이 된다. 그리고 그 타깃은 좁으면 좋을수록 좋다. 최대한 명확하게 타깃 설정을 하는 게 중요하다. 특히 출판은 직접 수익이 기반이 되는 산업이다. 책을 팔아야 한다. 모두를 만족시킬 필요가 없는 마이크로 타기팅이 좋은 솔루션이 될 수 있다. '특정 소수의 최대

행복'인 셈이다. 적어도 모바일 세계에서 '최대 다수의 최대 행복'
은 틀렸다.

2장

가장 좋은
콘텐츠는
연결된 콘텐츠다

함께 눈물 흘리는
감각의 연대

— 2017년이 얼마 남지 않은 12월 29일, 김민섭 작가에게 메시지가 왔다. 연말에 무슨 일일까? 연초에 술 한잔하자는 연락이겠거니 생각했다. "귀현 님, 정말 좋은 책이 있어서 한 권 소개해드리고 싶은데요. 제가 지금까지 본 작가 중에 가장 독특한 작가예요. 소설이란 원래 이런 거였지, 하는 감탄과 반성을 주고, 또 전에 없던 방식으로 글을 쓰는 작가입니다. 광고나 홍보가 아니라 주변에 책을 좋아하는 분들께 책을 소개해드리고 있어요. 공장에서 10년 동안 노동한 노동자 출신의 작가예요. 그래서 글쓰기를 배운 적이 없고 기존의 문법에서도 자유로운 작품들이 가득해요. 꼭 한 번 읽어보시기를 권합니다."

김민섭 작가와는 스토리펀딩 서비스를 운영하면서 작가와 기획자로 만나게 됐다. 페이스북 '나는 지방대 시간강사다' 페이지에서 그의 글을 처음 접했다. 그는 맥도날드 아르바이트생보다 못한 처우를 받는 시간강사의 상황을 전했다. 굉장히 처연하고 분노를 자아내게 하는 내용이지만, 글은 오히려 담담했다. 글을 참 담백하게 잘 쓴다는 생각이 들었다. 작가로 영입하고 싶어 수소문 끝에 스토리펀딩으로 모셔 왔다. 그때부터 인연이 시작됐다.

2016년 12월 31일은 김민섭 작가의 책을 읽으며 한 해를 마무리했다. 지방대 시간강사와 맥도날드 아르바이트생을 거쳐 카카오 드라이버의 대리기사가 된 김민섭 작가가 타인의 운전석에서 세상을 바라본 이야기를 담은 책 『대리사회』(와이즈베리)였다. 2016년, 필자에게 가장 의미 있었던 책을 쓴 작가가 추천해준 책이라니. 개인적으로 단편소설을 그리 좋아하지는 않지만 호기심이 들었다. 어떤 책이길래 김민섭 작가가 이렇게 극찬을 할까?

▌셀럽이 아닌 인플루언서의 힘

그 책은 바로 '김동식 소설집' 『회색 인간』 『세상에서 가장 약한 요괴』 『13일의 김남우』(요다)였다. 신인 작가가 무려 세 권의 책을 한꺼번에 내다니. 출판 시장을 조금 안다고 생각하는 필자에게는 큰 충격이었다. '뭘 믿고 신인에게 세 권이나 내줬지. 출판사가 제정신인가?'라는 생각이 들 정도였다. 『회색 인간』을 3분의 1 정도 읽었을

콘텐츠 플랫폼 마케팅

때 생각했다. '이런 기본도 갖추지 않은 글이 책으로 나올 수 있나?'

필자는 국어국문학을 전공했다. 소설 작법을 배웠다. 인물과 플롯이 중요하다고 배웠다. 제대로 써본 적은 없지만 이론은 대충 알고 있었다. 이 책에서 인물 설정과 플롯 설계는 찾기 어려웠다. 상황만 있었다. 상황 하나만으로 이야기를 풀어냈다. '기본도 안 된 글을 쓰는 작가'라고 폄훼하는 마음은 책을 반 정도 읽었을 때 사그라졌다. 상황만으로 묵직한 이야기를 풀어냈다. 그 능력이 경이로웠다. '어디까지 갈 수 있나 보자.' 오기가 생겼다. 편을 거듭할수록 예상을 뛰어넘는 이야기들이 이어졌다. 무한한 상상력으로 다양한 상황들을 쏟아냈다. 그리고 후회했다. 필자의 판단이 틀렸다.

필자의 시각은 레거시^{legacy}였다. 새로운 작가와 새로운 작품의 탄생을 경계했다. 책을 다 읽고 난 후, '기본이 안 된 책'이라는 편견부터 가진 자신을 반성했다. 이렇게 대단한 책을 써낸 사람이 글쓰기 교육을 한 번도 받은 적 없는 '주물공장 노동자'라는 소식을 듣고 또 한 번 놀랐다.

『회색 인간』은 출간 3주 만에, 알라딘에서는 한국소설 4위(문학 16위), 예스24에서는 한국소설 12위(문학 54위), 교보문고에서는 한국소설 9위(소설 26위)에 올랐다. 책과 작가에 대한 이야기는 〈시사인〉 기사 「새해 출판계 흔든 '김동식 소설집'」에 자세히 소개되어 있다.*

• https://www.sisain.co.kr/?mod=news&act=articleView&idxno=31034

책을 다 읽고 마지막 장을 보았다. 편집인 이름에 '김민섭'이 적혀 있었다. 알고 보니 김민섭 작가는 이 책의 기획자였다. '이래서 그렇게 강력하게 추천을 했구나.' 옅은 미소가 지어졌다. 김민섭 작가는 인터넷 커뮤니티 '오늘의 유머' 공포 게시판에 소설을 연재하던 김동식 작가에게 관심을 보였다. 그러던 중 2017년 10월, 주간지 〈기획회의〉의 「김민섭이 만난 젊은 저술가들」에서 인터뷰어와 인터뷰이로 만났다. 이런 인터뷰는 처음이라며 어색해하던 김동식 작가와 인터뷰를 마친 후 김민섭 작가는 말했다. "제가 뭘 어떻게 할 수 있을지는 모르겠지만 출판 생각이 있으면 돕겠어요."

여담이지만 필자는 2017년 8월 '김민섭이 만난 젊은 저술가'로 소개됐다. 10월의 젊은 저술가는 출간 일주일 만에 3쇄까지 찍었고, 8월의 젊은 저술가 책은 1쇄 출간 이후 소식을 들을 수 없다. 1쇄 2,000부, 총 세 권이니 3쇄면 1만 8,000부다. 1만 부만 팔려도 베스트셀러 반열에 오르는 현재 출판 시장에서 신인의 책을 1만 8,000부나 찍어냈다. 이 저력은 어디서 나왔을까? 데이터를 확인해 봐야 알겠지만, 필자는 김민섭 작가, 아니 김민섭 기획자의 역할이 컸다고 생각한다.

책이 초반부터 무섭게 팔린 데는 '오늘의 유머' 게시판의 역할이 컸다. 김동식 작가가 활동하던 공포 게시판에 책의 출간 소식이 전해졌고, 평소 그의 글을 재밌게 보던 사용자들이 책을 사기 시작했다. 일종의 '의리'였다. 김민섭 작가는 오늘의 유머와 본인의 페이스북,

카카오톡을 활용해 전방위로 홍보했다. 특히 페이스북에서 열심히 알렸다. 김민섭 작가의 페이스북 팔로워는 2,766명(2018년 1월 『회색 인간』 출간 당시)이다. 많지 않은 수지만, 셀럽이 아닌 사람치고는 많은 편이다. (김민섭 작가에게는 미안하지만 아직 셀럽급은 아니라고 본다.)

김민섭 작가는 오히려 셀럽이 아니기에 저력이 있다. 셀럽은 팔로워가 많다. 셀럽이 소셜미디어에 포스팅하면 즉각 수천수만 명이 반응한다. 하지만 그 반응이 크게 적극적이지는 않다. 댓글과 공유 등 사용자의 리소스, 수고로움이 크게 들지 않는 반응이다. 어차피 셀럽은 너무 많은 팔로워를 보유하고 있어서 '어떤 반응을 보이더라도 셀럽에게 크게 영향을 끼치지 않을 것'이라고 생각한다. 셀럽은 '가깝지만 먼 당신'이다.

그에 비해 '비非셀럽' 김민섭 작가는 친근하다. 조금이라도 반응하면, 김민섭 작가는 더 큰 반응을 보인다. 일례로 김민섭 작가가 쓴 '김동식 소설집' 추천 글에는 책 구매 인증 릴레이가 이어졌다. 김민섭 작가는 일일이 고마움을 표시했다. 책에 대한 (대부분 긍정적인) 평가 또한 이어졌다. 이런 행위들이 모두 입소문을 탔다. 일종의 오가닉 마케팅organic marketing, 자발적인 입소문 마케팅이 된 셈이다.

김민섭 작가의 팔로워들은 김동식 작가의 책을 읽지 않으면 이 커뮤니티에서 도태될 수도 있겠다는 불안감을 느꼈다. 너도나도 구매 인증 릴레이에 이은 책 서평 릴레이에 참여했다. 김민섭 작가의 이런 마케팅은 초반 상승세를 견인했다.

| 마이크로 인플루언서 마케팅

최근 좋은 콘텐츠의 기준이 바뀌고 있다. 퀄리티가 높은, 감동을 주는 콘텐츠가 아닌 '연결된 콘텐츠'가 가장 좋은 콘텐츠다. 연결되지 않으면 아무리 퀄리티가 높더라도 좋은 콘텐츠가 아닌 셈이다. 연결의 가치는 더욱 높아지고, 유의미한 결과를 만들어내고 있다. 그러한 맥락에서 소규모 연결 중심의 '마이크로 인플루언서^{micro} influencer'가 부상하고 있다. 수많은 팔로워를 보유한 셀럽, 메가 인플루언서보다 수백 수천 명의 팔로워를 가진 마이크로 인플루언서가 더 큰 영향력을 발휘한다는 분석이다.

〈디지털데일리〉 2018년 1월 8일자 기사 「'인스타 스타'보다 마케팅 효과 낫다… 마이크로 인플루언서 부상」의 일부 내용이다.• "인플루언서 중에서도 특히 무게중심은 '마이크로 인플루언서'로 이동하고 있는 추세다. 삼성패션연구소는 지난해 10대 이슈 중 하나로 '마이크로 인플루언서 영향력 확대'를 꼽았다. 개별 소비자 취향이 세분화되면서 이들이 1020 젊은 층 소비자의 큰 호응을 얻었다는 것이다. 서울대 소비트렌드 분석센터가 내놓은 『트렌드 코리아 2018』(미래의 창, 2017) 역시 "인터넷의 마이크로 인플루언서들이 대형 스타보다 인기를 더 끄는 현상이 속출하고 있다"라고 평가했다. 통상 인플루언서를 구분할 때 연예인, 유튜브 스타 등 100만 명 이상의 팔로워를 보유했다면 '메가 인플루언서',

---

• http://www.ddaily.co.kr/news/article.html?no=164419

콘텐츠 플랫폼 마케팅

500~1만 명 이상의 팔로워를 보유했다면 마이크로 인플루언서로 정의한다. 마이크로 인플루언서는 팔로워의 절대 규모는 작지만 관심 분야에 전문성이 높고 팬층과 가깝게 소통한다는 특징이 있다. 따라서 같은 규모의 광고비를 집행할 경우 투입 대비 성과가 더 높게 나타나기도 한다. 인플루언서의 팔로워가 수십만 명 이상일 경우 광고 유통량 절대 규모는 커지지만 고객이 정보를 인지할 가능성은 더 떨어진다. 적정 수준의 팔로워를 보유한 마이크로 인플루언서의 경우 팔로워의 동질성, 신뢰성 등이 영향을 미치면서 광고주의 고객 타기팅 효율을 높이는 것으로 측정됐다. 이 같은 현상은 ER 지수(팔로워가 라이크, 공유, 댓글 등으로 홍보 내용에 반응하는 비율)의 차이로도 증명된다. 미국 광고 전문지 〈애드위크Adweek〉에 따르면, 10만 명 이상의 팔로워를 보유할 경우 ER 지수는 2.4%에 불과한 반면 팔로워 1,000명 이하의 ER 지수는 15.1%로 나타났다.

김민섭 작가는 효율 좋은 마이크로 인플루언서다. 팔로워 수가 압도적으로 많지는 않지만 김민섭 작가와 팔로워 간의 끈끈함은 셀럽 못지않다. 그들은 서로 동질감을 느끼고 신뢰한다. 이들은 작지만 연비 좋은 경차로 비유해볼 수 있다. 경차 같은 마이크로 인플루언서가 많아졌으면 좋겠다. 대형차는 멋있고 성능이 좋지만 효율은 떨어진다. 대형차는 부피가 크기 때문에 도로에 수용하는 데 한계가 있다. 몇 대 다니기도 힘들다. 그러나 경차들은 도로 곳곳을 다닐 수 있다. 수용의 범위가 넓어진다. 다양성 확보에도 좋다. 천편일률적인 콘텐츠가 아닌 다양한 콘텐츠들이 각 분야 전문가들의 마케팅으로 알려질 수 있다.

마이크로 인플루언서 마케팅은 출판 마케팅에 적용하기 좋은 모델이다. 김민섭 작가의 사례에서 볼 수 있듯, 출간 초기에 집중하면 큰 효과를 거둘 수 있다. 유명한 사람이 한 줄의 추천사를 써주는 것보다, 소수지만 밀접한 영향력을 끼치고 있는 마이크로 인플루언서가 입소문을 내주는 게 더 효과적일 수 있다. 게다가 초반 1~2쇄를 빠르게 판매하기만 하면 베스트셀러에 오를 수 있는 작금의 출판 환경은 오히려 마이크로 인플루언서 마케팅에 적합하다.

희소식도 있다. 현재 소셜미디어 마케팅 중 가장 강력한 채널인 페이스북이 뉴스피드 알고리즘 변경을 알렸다. 2018년 1월 12일 페이스북 CEO 마크 저커버그는 뉴스피드의 중심을 기업과 언론 매체들의 포스트에서 지인, 가족의 포스트로 옮기는 방향으로 개편을 추진하고 있다고 직접 전했다. 또한 사용자들의 피드백을 받아본 결과, 공적 콘텐츠가 사적으로 더 많은 접촉을 이끌어낼 콘텐츠를 몰아내고 있는 것으로 드러났다고 전하면서 사용자들이 더욱 의미 있는 사회적 교류를 갖도록 할 콘텐츠에 중점을 두는 것이 개편의 목적이라고 설명했다.

뉴스, 광고 등 공적인 영역의 콘텐츠보다 사적인 영역의 콘텐츠들을 더 자주 노출하겠다는 뜻이다. 페이스북을 통해 트래픽을 올리던 뉴스 사업자나 매출을 올리던 쇼핑업계에는 청천벽력 같은 소

콘텐츠 플랫폼 마케팅

식이다. 반면 마이크로 인플루언서들은 더욱 활동하기 좋은 환경이 되었다. 추천 글은 지극히 개인적인 글이기 때문에 알고리즘에 의해 페이스북에 더 많이 노출될 수 있다.

김민섭 작가는 2018년 1월 13일 망원동에서 김동식 작가의 사인회를 열었다. 페이스북에 하루 전 간단히 소식만 전했는데, 40명이 넘는 사람들이 와서 의자가 부족할 정도였다고 한다. 김민섭 작가는 그 소식을 페이스북에 이렇게 전했다. "세 사람의 독자가 울었다. 김동식 작가에게 질문을 하다가, 누군가는 "작가님이 잘되면 좋겠어요"라고 말하다가 울었다. 그들을 보면서 나도 눈물을 참았다. 이 감각은 무엇일까, 고민해보았는데, 아무래도 타인의 '잘됨'을 바라는 것은 눈물겨운 일이다. 왜 저 사람이 잘되면 좋겠다고 생각하는 걸까. 아, 내가 인간이기 때문이구나. 저 사람이 잘되는 일은 내가 잘되는 일과 같고 우리가 잘되는 일이구나, 하는 막연한 감각은, 사람을 눈물겹게 만든다. 사인회에 온 40명이 넘는 사람들은, 모두가 같은 심정이었을 것이다. 김동식이라는 작가가, 잘, 되면 좋겠다." 함께 눈물 흘리는 감각의 연대, 마이크로 인플루언서의 힘이다.

빅데이터를
믿지 마세요

— 세상은 거대한 데이터 생성기다. 사람과 사물의 모든 행위는 데이터로 기록할 수 있다. 손짓과 발짓, 눈동자의 움직임까지 모두 데이터다. 모아진 데이터가 일정한 패턴을 보이면 유용한 발견을 할 수 있다. 특히 행위를 데이터로 저장하는 인터넷에서는 데이터를 모으기가 더 쉽다. 스마트폰의 터치, 사이트 이동 경로, 구매 패턴 등이 모두 데이터로 저장된다.

온라인서점으로 시작한 아마존은 데이터 분석으로 현재 전 세계에서 가장 영향력 있는 온라인 상거래 업체로 성장했다. 미국은 영토가 넓다. 온라인 상거래 특성상 구매 후 배송까지 걸리는 시간이 항상 문제였다. 보통 1~2주가 걸렸다. 배송이 느리다는 소비자의 불만이 있었다. 미국의 많은 소비자들은 그 시간을 기다리지 못하고 오프라인에서 물건을 구매했다.

아마존은 소비자의 구매 데이터를 모았다. 일정한 패턴을 발견해 이를 사업에 적용했다. 특정한 A지역에서 한 달간 기저귀를 구매하는 소비자가 1,000명이 있다는 패턴을 발견했다면, A지역 물류센터에 1,000명분의 기저귀를 미리 가져다놓는 방식이다. 영토가 넓은 미국에서 온라인 상거래로도 빠른 배송이 가능하다는 것을 보여주었다.

미국의 물류 회사 UPS^{United Parcel Service}는 물류비 절감을 데이터 분석으로 해결했다. 배달 트럭의 경로 데이터를 분석했다. 여기서 내린 결론은 '좌회전 금지'였다. 좌회전을 많이 하면 할수록 경로가 복잡해지고 소비하는 연료도 많다는 것을 발견했다. 좌회전 금지라는 일괄적인 운전 지침을 내렸다. 그 결과 원가 5%가 절감되는 효과가 있었다. 2013년 기준, 약 3700만 리터의 연료를 절감했다.

아마존은 물류센터에 물건을 미리 갖다놓기 위해 수많은 구매 데이터를 수집했다. UPS는 수많은 트럭 이동 경로 데이터와 연료 사용 데이터를 수집했다. 이 데이터에서 정보를 추출하고 의미 있는 해결책을 찾아냈다. 해결책을 찾은 것보다 중요한 것은 '문제 정의'다. 아마존은 '어떻게 하면 배송 기간을 줄일 수 있을까?', UPS는 '어떻게 하면 물류비를 절감할 수 있을까?'라는 문제를 명확하게 정의했다. 이 명확한 정의에 따라 필요한 데이터를 모았고 해결책을 찾아낼 수 있었다.

이를 보통 '빅데이터 분석'이라 말한다. '빅'이라는 단어가 말해주듯, 일단 많은 데이터를 수집해야 한다. 데이터 안에 담긴 정보들 간의 패턴을 발견하고, 필요한 정보를 찾아낸다. 데이터에는 정보가 있을 수도 있고 없을 수도 있다. 정보는 그동안 몰랐던 새로운 것을 알려주어야 한다. 원하는 정보가 없는 데이터는 의미가 없다. 그래서 의미 있는 정보를 담고 있는 데이터를 모으는 게 중요하다. 데이터가 많다면 의미 있는 정보를 담고 있는 데이터도 많아질 확률이 높아진다.

▍지상파 시청률 순위가 지금도 중요할까

TV 프로그램 시청률이 매우 중요한 지표이던 시절이 있었다. 월요일자 신문에는 항상 주간 시청률이 올라왔다. 어떤 프로그램이 1등을 차지할지 모두가 주목했다. 몇몇 드라마는 시청률이 60%가 넘었다느니, 드라마가 하는 시간에는 거리에 사람이 잘 다니지 않아 한산하다느니 하는 기사도 종종 보였다. TV가 막강한 매체 영향력을 행사하던 시기다. 인터넷이 없었고 TV와 신문 정도가 세상과 실시간으로 소통할 수 있는 창구였다. 현재의 TV 프로그램 시청률도 예전처럼 그렇게 중요한 지표일까? 다음은 2018년 2월 12일부터 18일까지 일주일간 지상파 예능 프로그램의 시청률 순위다.

"지상파 예능 시청률 1위 프로그램이 뭘까?" 이 질문을 회사 동

2018년 2월 12~18일 지상파 예능 프로그램의 시청률 순위

료들에게 해봤다. 대부분 〈효리네 민박〉이나 〈윤식당〉 〈어서와 한국은 처음이지〉 등을 꼽았다. 질문을 다시 보면 틀린 답이다. 〈효리네 민박〉은 JTBC의 방송이라 종합편성 채널이다. 〈윤식당〉은 tvN의 방송이라 케이블 채널이다. 〈어서와 한국은 처음이지〉 또한 MBC every1 케이블 채널에서 방송된다. 세 개를 빼니 〈런닝맨〉 〈불후의 명곡〉 〈라디오스타〉 등의 답이 나왔지만, 모두 정답이 아니었다.

정답은 〈전국노래자랑〉이다. 누구나 알고 있는 프로그램이지만 예능 주간 시청률 1위라는 화제의 프로그램인지는 아무도 몰랐다는 눈치다. 나도 이 순위표를 보고 깜짝 놀랐다. 〈전국노래자랑〉은 12.4%의 시청률을 기록했다. 화제의 예능이라고 꼽았던 〈윤식당〉은 같은 주간 같은 조사기관 기준 13.1%로 〈전국노래자랑〉보다 0.7%포인트 높았고 〈효리네 민박〉은 4.7%로 〈전국노래자랑〉과는 차이가 매우 컸다.

예전처럼 시청률이 모든 것을 말해주지 않는다. 주간 지상파 1위 예능이지만 화제의 프로그램도 아니다. 〈전국노래자랑〉이 방영되는 일요일 정오 무렵, 거리가 한산해지지도 않는다. 시청률이라는 지표, 데이터에 대해 다시 생각하게 됐다. 현재의 시청률 집계 방식은 '본방 사수' 즉 정규 편성된 시각에 TV를 시청하는 사람 수를 측정한다.

젊은 시청자층은 다양한 VOD 서비스와 영상 플랫폼을 활용한다. 굳이 본방 사수할 이유가 없다. 이 프로그램이 현재 화제가 되고 있는지의 여부는 VOD 영상 클립의 조회수와 공유수가 결정한다. 연배가 높은 시청자층은 가급적 본방송을 시청한다. 현재의 시청률은 연배가 높은 시청자의 행동 패턴이라 추정해볼 수 있고, 이 영역에서만 대표성을 띤다고 볼 수 있다.

시청률은 광고 수익과 직결된다. 그래서 현재 케이블 채널과 종합편성 채널 등은 고전적인 시청률 집계 방식이 아닌 '바이럴 지수' '공유 지수' 등 다양한 지표를 개발해 이를 광고 수익과 연결시키려 노력한다. 시청률이라는 데이터를 재정의하고 있다.

언급했듯이 데이터에는 정보가 있을 수도 있고 없을 수도 있다. 젊은 시청자 타깃의 광고를 하고 싶은 광고주에게 고전적인 방식으로 집계하는 시청률이라는 데이터는 의미 없는 정보라고 볼 수 있다. 하지만 연배가 있는 시청자 타깃에게 광고하고 싶은 광고주에게 시청률은 매우 의미 있는 정보다. 세상에 존재하는 수많은 데이터에서 '자신에게 의미 있는 정보를 찾아가는 과정'이 필요한 이유다.

콘텐츠 플랫폼 마케팅

▎빅데이터는 모든 문제를 해결할 수 없다

많은 콘텐츠업계에서 '빅데이터 분석'에 관심을 갖고 있다. '빅데이터가 모든 문제를 해결할 수 있을 것'이라고 생각한다. 하지만 빅데이터는 모든 문제를 해결할 수 없다. 오히려 자신에게 필요 없는 정보가 담긴 데이터를 많이 모았다면, 이를 제거하는 비용과 노력이 더 많이 들 수 있다. 의미 있는 패턴을 찾아내는 데 방해 요소가 될 뿐이다. 빅데이터보다 중요한 것은 그 데이터의 출처다. 출처가 사용하려는 곳에 알맞은지를 파악하는 것이 중요하다. 시청률의 사례에서 볼 수 있듯 우리가 그동안 중요하다고 생각했던 데이터도 시대의 흐름에 따라 중요도와 활용도가 변할 수 있다.

자신에게 알맞은 정보를 갖고 있는 데이터라면 '빅데이터'가 아니라도 상관없다. '정확한 출처'와 '유의미한 정보'라는 기준을 충족한다면 양이 많지 않은 '스몰데이터'로도 충분히 패턴을 발견할 수 있고, 이를 문제 해결에 사용할 수 있다.

무엇보다도 문제 정의가 중요하다. 데이터를 모아서 '매출을 높일 것인가?' '조회수를 높일 것인가?' '공유수를 높일 것인가?' '구독자를 모을 것인가?' '개인 브랜딩을 강화할 것인가?' 등 문제는 명확할수록 좋다. 문제에 따라 필요한 데이터가 다르고 활용할 플랫폼도 달라진다. 플랫폼을 활용하기에 앞서 어떤 플랫폼에서 데이터를 수집할지를 파악하는 것이 중요하다. 플랫폼은 어떤 분야에 강하다고 스스로 이야기하지 않는다. 각계각층의 사용자들이 플랫폼을 사용해야 한다. 사용자들의 다양한 네트워킹 효과 속에서 플랫폼은 생명력을 갖는다.

　물론 검색 유입률이 높은 플랫폼이 있고, 개인의 브랜딩 강화에 적합한 플랫폼이 있다. 또한 매출을 높여줄 플랫폼이 있고, 구독자를 잘 모아주는 플랫폼이 있다. 하지만 이는 사용자들이 사용하기 나름이다. 검색 유입률이 높은 플랫폼에서 매출을 잘 내는 사용자도 있고, 반대인 경우도 있다. 플랫폼에는 수많은 사용자가 있다. 대표성을 담보할 수 없는 데이터로 단정하는 것은 위험하다.

　각 플랫폼이 어떤 특성을 띠고, 내게 필요한 데이터를 수집할 수 있을지 궁금하다면, 일단 플랫폼을 사용해야 한다. 플랫폼을 이용하면서 경험치를 쌓아야 한다. 이 플랫폼에서 내 콘텐츠가 어떻게 활용되며, 어떤 사용자들이 내 콘텐츠를 선호하는지 파악할 수 있다.

▎천 명의 진정한 팬과 네트워크 효과

콘텐츠로만 한정하면, 나를 적극적으로 선호하는 1,000명의 진정한 팬에 대한 데이터를 우선 확보하는 게 중요하다. 1,000명이 적다고 생각할 수 있다. 하지만 나의 콘텐츠를 좋아하는 진정한 팬이라면, 1,000명의 데이터는 활용도가 매우 높다. 먼저 활동성을 체크해 볼 수 있다. 나의 팬들이 어느 시간에 나의 콘텐츠를 소비하는지, 어떤 콘텐츠에 값을 지불하는지, 어떤 콘텐츠에 댓글을 남기며, 공유를 하는지, 모든 활동성이 수치화된 데이터가 된다. 이에 대한 데이터는 거의 모든 플랫폼에서 제공하고 있다.

데이터에서 패턴을 발견해 콘텐츠 생산에 활용할 수 있다. 밤 11시경 조회수가 가장 높다면 10시 30분쯤 콘텐츠를 올려 11시에 소비할 수 있도록 한다. 일종의 사용자의 길목을 막는 방식이다. 나의 어떤 유형의 콘텐츠가 유독 페이스북에 공유가 많이 됐다면, 페이스북 공유에 적합한 방식으로 콘텐츠를 생산한다. 공유되는 링크의 카피와 썸네일(작은 사진)에도 신경 쓴다. 세밀한 작업이 필요하다. 이를 통해 데이터를 계속 모아나가고, 새로운 문제 정의를 하며, 해결책을 만들어갈 수 있다.

무엇보다도 1,000명의 가장 큰 효과는 '네트워크 효과'다. 1,000명의 진정한 팬이 "이 콘텐츠 정말 좋은데 너도 한 번 볼래?"라면서 각각 10명의 친구에게 추천하다면, 무려 1만 명의 사용자에게 콘텐츠가 전달된다. 각각 100명이면 10만 명이 된다. 진정한 팬 1,000명이 필요한 이유다. 진정한 팬이 어느 정도 확보됐다면, 인터넷의 온라인 데이터 수집에만 그치지 않고 '오프라인 데이터'를 수집하는 것도 중요하다. 언급했듯 세상 모든 행위가 데이터다. 온라인에서 얻을 수 있는 정보보다 더 양질의 정보를 얻을 수 있다. 파편적이고 추상화된 정보들이 명료해지며 입체적으로 변한다. 2차원 정보에서 3차원 정보로 진화할 수 있다.

현재 온라인 플랫폼을 활용하는 많은 창작자들이 팬과의 만남을 진행하고 있다. 스토리펀딩의 창작자는 물론 '브런치'의 작가들도 온라인 소통에서 벗어나 오프라인 만남을 진행하고 있다. 온라인에서 얻을 수 있는 정보보다 유용하고 값진 정보를 얻는다. '팬들이 누구와 연결되어 있는지 확인'하고 '연결된 그들을 어떻게 활용할지' 고민하며 문제를 하나씩 해결해나간다면 굳이 빅데이터까지도 필요 없다. 아마존이나 UPS가 아닌 이상, 스몰데이터로도 충분하다. 세계적인 과학기술 전문 잡지 〈와이어드WIRED〉 창간자 케빈 켈리의 말로 맺는다. "당신에게 진정한 팬 1,000명과 테크놀로지만 있다면, 당신은 좋아하는 것으로 먹고살 수 있습니다."

콘텐츠 마케팅은
타노스처럼*

── 예상이 맞았다. 영화 제목은 '어벤져스'지만 진짜 주인공은 따로 있었다. 필자는 마블 영화를 좋아한다. 엄청난 덕력**을 쌓은 '마블 덕후'는 아니지만, 같은 영화를 대여섯 번 볼 정도로 마블 영화를 좋아한다.

만학도로 학교에서 '복잡계 네트워크 이론'이라는 수업을 듣는다. 사회 전반의 데이터를 수집해 다양한 네트워크 현상을 수치와 그림으로 표현하는 법을 배운다. 수학적 통계와 미분과 적분, 로그 함수 등도 배우는데 정말 무슨 말인지 하나도 모르겠다. 네트워크

• 해당 글에는 영화 〈어벤져스: 인피니티 워〉의 소소한 스포일러가 있다.

•• 어떤 분야를 열성적으로 좋아하여 그에 관한 지식과 경험을 쌓거나 관련된 물품 따위를 수집한 정도

를 시각화하는 방법만 겨우 따라 했다. 게피^{Gephi}(지파이라고도 한다)라는 강력한 프로그램으로 쉽게 시각화할 수 있다. 오픈소스 네트워크 분석 및 시각화 툴이라고 하는데, 필자가 생각하는 게피의 정의는 '개떡같이 데이터를 입력해도 찰떡같이 예쁘게 보여주는 프로그램'이다. 노드^{node, 점}와 링크^{link, 선}만 설정해주면 예쁜 그림을 뚝딱 그려준다.

무슨 말인지 도통 이해할 수 없고, 하기 싫을 때는, 좋아하는 것을 하면 된다. 무엇이든 네트워크 분석을 해보자는 교수님의 과제 요청에 '마블 인물 관계도'로 응답했다. 〈어벤져스: 인피니티 워〉가 개봉을 앞두고 있던 시점이었다. 그동안 마블 시네마틱 유니버스^{MCU•} 영화에 출연했던 주요 등장인물을 노드로 설정했다. 생업이 있어서 만난 횟수, 시간 등을 디테일하게 데이터로 가공할 수는 없었지만, 한 영화에 함께 출연했다면 링크로 연결했다. 만나지 않았더라도 같은 작품에 출연했다면 링크로 연결했다. 각 노드와 링크를 연결했더니, 재밌는 그림이 나왔다.

누구나 예상했듯 매번 등장했던 인물이 중심에 배치됐다. 단독 주인공으로도 나왔던 캡틴 아메리카와 아이언맨을 중심으로 매 영화마다 얼굴을 비추었던 '효자' 닉 퓨리, 그와 세트로 항상 등장하는 블랙 위도우와 호크아이가 중심에 섰다. 여기까지는 예상 가능한 그림이지만, 재밌는 현상을 하나 발견했다. '어벤져스' 시리즈와 '가디

• 마블 코믹스를 기반으로 제작된 영화들이 함께 공유하는 가상의 세계관

콘텐츠 플랫폼 마케팅

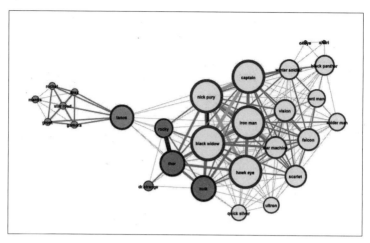

마블 시네마틱 유니버스 영화에 출연했던 등장인물 관계도

언즈 오브 갤럭시' 시리즈로 각자 만날 일이 없었던 캐릭터들을 이어주는 허브hub가 있었던 것이다. 그는 바로 타노스. 〈어벤져스: 인피니티 워〉의 빌런(악역)으로 등장하는 인물이다. 빌런을 중심으로 큰 두 축의 캐릭터들이 이어진다. 등장인물 관계도를 그려놓고 보니 개봉을 앞둔 〈어벤져스: 인피니티 워〉의 이야기가 타노스를 중심으로 구성되리라 추측할 수 있었다.

〈어벤져스: 인피니티 워〉 개봉을 앞두고 마블 측은 스포일러에 매우 신경을 썼다. 영화 내용이 최대한 유출되지 않기를 바랐다. 그 덕에 많은 마블 덕후들이 어떤 캐릭터를 중심으로 이야기가 전개될지 추측했다. 아이언맨이라고 말하는 사람도 있었고 캡틴 아메리카라는 주장도 있었다. 정답은 데이터가 말해주었다.

어벤져스 증후군에 빠지지 말자

콘텐츠 마케팅을 하려는 사람들을 종종 만난다. 간혹 주제넘게 멘토링이나 컨설팅도 하게 된다. 어느 날 대학생들이 스토리펀딩으로 콘텐츠 마케팅을 해보고 싶다고 찾아왔다. 물론 대부분은 교수님이 시켜서 하는 것이다. 필자도 교수님이 시키지 않았다면 저런 마블 인물 관계 네트워크 그림 따위는 그리지 않았다. "스토리펀딩으로 무엇을 하고 싶어요?"라고 물어보면 학생들은 이렇게 답한다. "저희는 스토리펀딩으로 공익적인 캠페인을 하고 싶어요. 예쁜 리워드를 만들어서 판매도 하고 싶고요. 이 활동을 영상으로 찍어 콘텐츠를 만들고 싶고요. 세상에 긍정적인 메시지를 주고 싶어요." 그럼 필자는 이렇게 대답한다. "It's the end game(가망이 없어)."

콘텐츠로 마케팅을 하려는 사람들이 하는 흔한 실수가 있다. '어벤져스'급의 목적을 갖고 있다는 것이다. 어벤져스 히어로들은 본인들이 큰 힘을 지녔기 때문에 큰 책임이 따른다고 생각한다. 그래서 지구의 평화를 위협하는 악의 무리를 어떤 방식으로든 무찌르려고 한다. 목적을 달성하기 위해서라면 과정은 중요하지 않다. 소코비아라는 나라 하나를 통째로 날렸다. 룩셈부르크를 누르고 1인당 GDP 1위를 찍을 법한 와칸다를 쑥대밭으로 만들어버린다. (어벤져스의 이런 모순과 갈등은 〈캡틴 아메리카: 시빌 워〉에서 자세히 다루고 있다.)

어벤져스는 '지구 포함 전 우주적 평화'라는 엄청난 대의명분이 있다. 콘텐츠 마케팅을 하고자 하는 사람들이 흔히 하는 실수는 바로 과도한 대의명분, '어벤져스 증후군'이다. 콘텐츠 마케팅은 대의명분이 그렇게 중요하지 않다. 하나만 잘하기도 어렵다. 선택과 집중을 통해 목적을 명확하고 뾰족하게 다듬는 것이 중요하다. 크라우드펀딩을 예로 들어보자. 사람들의 주머니에서 돈을 꺼내게 하는 요인은 세 가지로 나눠볼 수 있다. 첫째, 창작자. 둘째, 스토리. 셋째, 리워드. 보통은 이 세 가지 요인에서 크게 벗어나지 않는다. 세 개 중 하나에 꽂히면 사람들은 돈을 낸다. 하나에 집중하는 게 중요하다. 여기서 가장 많이 하는 실수는 두 마리 혹은 세 마리 토끼를 모두 잡겠다고 목표를 설정하는 것이다.

스토리에 자신 있다면 사람들을 울리거나 웃길 스토리에 집중하면 된다. 창작자 본인이 너무 매력적이라고 생각한다면 나 자신을 알리는 데 집중하면 된다. 리워드에 자신이 있다면 그 리워드를 잘 소개하는 데 모든 공력을 쏟으면 된다. 크라우드펀딩을 통해 얻으려는 목적을 명확히 하고 하나의 목적에만 집중하면 된다. 욕심이 나겠지만 참으면 된다. 프로젝트는 여러 번 할 수 있다. 하나의 프로젝트에는 하나만 집중해야 한다.

목적은 본인 혹은 업체의 브랜딩, 수익 창출, 트래픽 등으로 나눠볼 수 있다. 하나의 목적을 정하고 그 목적 달성에 가장 적합한 펀딩 요인을 매칭시키면 된다. '수익 창출을 위해 리워드에 집중한다' '브랜딩을 위해 스토리에 집중한다' 등 3×3 매트릭스로 경우의 수를

스토리펀딩 프로젝트 '그녀는 왜 칼을 들었나'

스토리펀딩 프로젝트 '박상규 기자의 '셜록' 프로젝트'

박상규 기자가 발굴한 스토리를 묶은 『지연된 정의』

콘텐츠 플랫폼 마케팅

만들 수 있다. 보통 대중들에게 잘 알려지지 않은 창작자들은 '스토리' 혹은 '리워드'에 먼저 집중하는 게 좋다. 이를 통해 사람들에게 본인과 콘텐츠를 알리는 게 먼저다. 많이 알려졌고 고정 팬층이 생겼다면 그때부터는 브랜딩 효과를 노려볼 수 있다. 인지도가 쌓이고 평판이 좋다면 이후에는 좀 더 쉽게 마케팅에 성공할 수 있다.

▎박상규와 타노스는 닮았다

박상규 기자는 스토리펀딩을 통해 10억 원 이상을 펀딩받은 대표 창작자다. 10년간 〈오마이뉴스〉에서 기자로 일하다 후원 기반 프리랜서 기자의 성공 가능성을 보고 회사에 사표를 냈다. 현재는 셜록 프레스라는 스타트업 매체를 차려 운영하고 있다. 박상규 기자가 처음부터 많은 사람들에게 알려진 것은 아니었다. 박상규 기자는 기자로서 브랜딩을 위해 좋은 기사, 좋은 스토리로 본인을 알려야겠다고 생각했다. '브랜딩'을 위해 '스토리'에 집중한 것이다.

박상규 기자의 첫 프로젝트는 '그녀는 왜 칼을 들었나'다. 가정폭력에 시달리다 살인을 저지른 여성 무기수에 대한 이야기를 다뤘다. 충격적이고 사람들의 분노를 자아내게 하는 이야기였지만 엄청난 규모의 펀딩으로 이어지지는 않았다.

첫 프로젝트였고 박상규 기자를 아는 사람이 많지 않았다. 스토리만으로 승부를 보아야 했다. 결국 마지막 편에는 기사에 등장하는 여성 무기수의 얼굴까지 공개하면서 스토리의 몰입도를 높였다. 목표했던 1000만 원은 프로젝트 마지막 날에야 달성했다. 이런 과정을 통해서 박상규 기자는 본인의 이름을 알렸다. 이후 재심 전문 박준영 변호사와 함께 진행한 '재심 3부작' 시리즈를 통해 '박상규'라는 하나의 브랜드를 구축했다. 그가 다루었던 재심 프로젝트는 '재심 결정'이라는 좋은 결과를 이끌었다.

박상규 기자가 발굴한 스토리는 『지연된 정의』(박상규·박준영 지음, 후마니타스, 2016)라는 책으로 묶여져 나왔다. 2016년에는 〈재심〉이라는 영화로 제작되기도 했다. 스토리펀딩이 다양한 분야의 콘텐츠로 확대됐다. 이후 박상규 기자의 이름 석 자만 걸고 '박상규 기자의 셜록 프로젝트'를 했다. "박상규가 새로운 매체를 차리는데 월 후원금을 모아달라"는 것이다. '수익을 위해 창작자를 활용'한 케이스다. 본인의 이름만 걸고 모금했는데 월 400만 원에 가까운 후원금을 정기적으로 모았다. 스토리를 통한 브랜딩이 됐기 때문에 가능했던 결과다. 박상규 기자는 '현장에서 쓴 좋은 기사는 세상을 바꾼다'는 신념을 가지고 그것을 그대로 실행했다. 또한 스스로 '허브'를 자처했다. 누군가에게 의존하지 않고 본인 팬들과의 네트워크 연결고리가 됐다. 후원자와의 만남을 수시로 진행했다. 『지연된 정의』가 나왔을 때는 '책은 작가가 팔아야 한다'는 신념으로 후원자와의 만남 때마다 사비로 책을 사서 나눠주고는 했다.

모두 어벤져스가 될 필요는 없다. 신념을 갖고 하나의 목적에만 집중하면 된다. 타노스 또한 묵직한 신념을 갖고 있다. '우주의 영

콘텐츠 플랫폼 마케팅

박상규 기자와 타노스, 신념을 갖고 하나의 목적에만 집중하면 된다.

속을 위해 우주 생명체의 절반을 날려버려야 한다'는 명확한 신념이다. 그리고 떨어져 있던 이들을 연결해주는 '허브'의 역할까지 했다. 박상규와 타노스는 닮았다(외모를 얘기하는 것은 아니다). 콘텐츠 마케팅은 '잘라내기의 미학'이다. 타노스처럼 신념만 있다면, 잘라내기는 어렵지 않다. 당신이 생각했던 목적, 거기서 딱 절반만 날리자.

그들은 왜 밤에
무리 지어 뛰는가

— 가을 공기가 제법 선선했다. 덥지도 않고 춥지도 않다. 바람이 불면 상쾌하다. 봄에 기승을 부리던 미세먼지도 적다. 깨끗한 공기가 머리를 맑게 한다. 햇볕 아래에서는 살짝 덥고 그늘은 서늘하다. 조금 춥다 싶어도 겉옷 하나 걸치면 그만이다. "이렇게 좋은 날은 짧아요." 주당들은 안다. 이렇게 밖에서 술 마시기 좋은 날이 많지 않다는 것을. 지금까지 너무 더웠고, 이제 곧 찬바람이 불고 추워질 테다. 맑은 공기만큼 좋은 안주는 없다. 간간히 부는 바람은 올라오는 취기를 달래준다. 흥겹게 마시다가도 새로운 마음으로 다시 시작할 수 있다. 그래서 우리는 9월의 연남동을 부지런히 돌아다녔다. 술을 더 맛있게 마실 곳을 찾아 헤맸다. 우리와 같은 목적의 사람들

콘텐츠 플랫폼 마케팅

을 오며 가며 마주쳤다. 반가웠다. 동질감이 느껴졌다.

연남동 공원길을 걷고 있는데, 우리의 목적과는 사뭇 다른 사람들을 마주쳤다. 20여 명의 사람이 떼를 지어 달리고 있었다. 리더 격의 사람이 앞장섰다. 가벼운 운동복 차림의 사람들이 뒤를 따랐다. 구보하는 군인들 같았다. 우리는 공원이 잘 보이는 테라스 한쪽 구석에 자리를 잡았다. 맥주를 한 잔 들이켰다. 맛있고 시원했다. 밖에서 술 마시기 좋은 날은 짧다. 뛰기 좋은 날도 그만큼 짧다. 이렇게 좋은 날, 술만 마시고 있는 나를 보니 씁쓸했다. 술이 더 당겼다. 공원을 달리는 무리가 또 지나갔다. 술을 더 맛있게 마시기 위해 공원을 걷는 이들과 땀 흘리며 뛰는 이들이 한데 어우러졌다. 저녁 아홉 시, 달이 밝은 가을밤이었다.

쉽게 모이고 쿨하게 헤어지다

밤에 뛰는 무리를 만나고 난 후 이런저런 생각이 들었다. 그들은 왜 밤에 뛸까? 밤에 뛰는 것보다 무리 지어 뛰는 이유가 더 궁금했다. 대부분 20대로 보였다. 질문을 다시 했다. 20대들은 왜 밤에 무리 지어 뛰는가? 필자만 궁금한 게 아니었나 보다. 2018년 10월 6일 자 〈조선일보〉에는 같은 궁금증을 가졌던 기자가 직접 뛰어보고 쓴 기사가 실렸다. 다음은 「레깅스·톱 입은 수십 명 함께 구호… '러닝크루' 세상 된 한강공원」 기사의 일부다.

인스타그램 피드에 공지가 뜬다. '10월 1일 월요일 19시 50분, 서울숲역 3번 출구.'

(…) 대기 중이던 크루crew, 팀원 한 명과 눈이 마주쳤다. '따라오라' 손짓한다. 서울숲 방향으로 걸었다. (…) '러너runner, 뛰는 사람' 수십 명이 레깅스와 쇼츠, 브라 톱 차림으로 가볍게 몸을 풀며 담소를 나누고 있었다.

러너들이 지정된 장소에 모이면 '체크인'이 시작된다. 일종의 '출석 체크'. 참여 횟수를 세고 출발 인원을 확인하기 위해서다. (…) 크루 깃발을 들고 단체 사진을 찍고 나서 준비운동 장소로 600여 m 일사불란하게 이동했다. 몸풀기 운동을 마치고 코치로부터 '오늘의 러닝 계획'을 듣는다. 5km를 뛰는 초보자 그룹부터 12km를 뛰는 숙련자 그룹까지, 각 그룹 페이서pacer, 속도 조절자와 러너들이 모여 "파이팅!" 구호를 외치면 90여 분 레이스가 시작된다.

(…) 초심자 그룹에 주어진 거리는 5km. (…) 네온등 반짝이는 동호대교 교각을 구경하며 지나가는 자전거에 손을 흔들었고, 다른 크루와 마주치면 가볍게 목례를 했다. 앞서가던 페이서들이 손을 흔들며 "장애물 조심!" "보행자 조심!"을 외치면 러너들은 한목소리로 복창했다. 뛰다 멈춰 포즈를 취하고 서로 사진을 찍어주면서 일면식도 없던 낯선 이들이 친해지기 시작한다.

(…) 참가 공지는 인스타그램 같은 SNS로 이루어진다. 알려준 ID로 카카오톡 메시지를 보내거나 링크에 적힌 구글 DOCS를 통

콘텐츠 플랫폼 마케팅

해 신청서를 제출하고 게스트로 참가할 수 있다. 자유 참가자도 받는 개방적 크루뿐 아니라 정규 달리기만 하는 폐쇄적 크루 역시 카카오톡 단체 채팅방을 활용해 일정을 공지하고 참가 신청을 받는다. (…)

기사 덕에 궁금증이 해소됐다. 이들은 '러닝 크루'였다. SNS 인스타그램으로 공지를 올리고 카카오톡이나 구글 독스^{DOCS}로 참가 신청을 한다. 약속된 장소에 모여 출석 체크를 한다. 사진을 찍고 정해진 계획대로 뛴다. 온라인 기반의 오프라인 모임이다. 옛날식 표현으로 '카페 번개'다. 번개는 사전에 공지를 올리고 참가 신청을 받았다. 참가자 리스트를 만들고 만나는 장소를 공유하는 과정을 거쳤다. 오프라인 모임을 꾸리는 사람들의 노고가 많이 들었다. 참여하는 사람들은 본인의 신분과 정체를 밝혀야 했다. 모임에 참여하는 사람들은 누구보다도 끈끈하게 그들의 커뮤니티를 만들어갔다. 그 과정에서 불가피하게 '물 관리'도 필요했다. 100문 100답 같은 불필요한 정보까지 묻고는 했다(간혹 100문 100답에 '첫 키스는 언제?' 같은 무례한 질문도 있었다). 그런 끈끈함은 커뮤니티 운영의 원동력이 됐다.

SNS 시대의 '러닝 크루' 모임은 '번개의 진화 모델'이다. 카페와 같은 전통적인 온라인 커뮤니티보다 더 가볍게 소식을 전할 수 있는 SNS가 커뮤니티의 베이스캠프가 됐다. 모바일 디바이스로 언제든 모임을 만들 수 있다. 팔로우들 사이의 네트워크로 모임 소식은 순식간에 널리 퍼져나갈 수 있다. 언제든지 본인의 신분을 밝히지 않고 익명으로 소통 가능한 메신저가 커뮤니케이션 도구가 됐다. 카카오톡의 오픈채팅은 본인을 밝히지 않아도 소통이 가능하다. 친구가 아니더라도 링크만 공유된다면 대화할 수 있다. 익명으로 참여가 가능하고, 이 상태에서는 프로필이나 개인정보가 상대방에게 공개되지 않기 때문에 익명이 보장된다. 프로필 사진은 카카오 프렌즈 캐릭터 중에서 랜덤으로 선택되고, 다른 캐릭터로 바꿀 수도 있다.

플랫폼의 즉시성과 익명성이 강해졌다. 온라인 기반의 오프라인 모임은 더 가벼워졌다. 쉽게 모이고 쿨하게 헤어진다. 이제 끈끈함은 그다지 중요한 요소가 아니다. 오히려 '느슨한 커뮤니티'가 사람들을 더 끌어당긴다. TMI는 'Too Much Information'의 약자로, 다른 사람이 궁금해하지도 않는 내용을 자신이 먼저 나서서 지나칠 정도로 많이 이야기하는 행위를 말한다. 그렇게 본인의 TMI를 밝힌 사람은 상대에게도 TMI를 원한다. SNS 시대의 사람들은 TMI에 지쳤다. 미국에서는 'TMI 증후군'이라는 말까지 생겼다. TMI를 피해 SNS에서 친구를 차단하거나 탈퇴하는 현상을 일컫는다. 홍수처럼 쏟아지는 SNS상의 TMI를 피하고자 익명성과 즉시성을 찾는다. 느슨한 커뮤니티에서는 친해지기 위한 호구조사나, 100문 100답 같은 쓸데없는 커뮤니케이션이 없다. 명확한 목적이 있고, 그 목적을 위한 행동만 한다. 목적이 무사히 완수되면 깔끔하게 헤어진다.

유병재는 왜 고독한 팬미팅을 했을까

2018년 8월 유병재는 '세상에서 가장 고독한 팬미팅'을 열었다. 800명의 팬들을 건국대학교의 큰 강당에 모아놓고 서로 아무 말도 하지 않았다. 말 그대로 적막하고 고독한 팬미팅이었다. 이런 기괴한 팬미팅의 티켓은 10초 만에 매진됐다. 말만 하지 않았을 뿐이지 두 시간 동안 유병재와 800명의 팬들은 열심히 소통했다. 말 한 마디 없이 오로지 채팅으로 대화를 나눴다. 무대 앞 화면에 카카오톡 창 두 개가 띄워졌다. 하나는 유병재가 올리는 글이 보이는 화면이다. 다른 하나는 800명이 동시다발적으로 올리는 오픈채팅방이다. 유병재의 차진 드립에 누군가가 큰 소리로 웃기라도 하면 스님 복장을 한 스태프가 뒤에서 죽비를 내려쳤다. 묵언수행을 방불케 했지만, 채팅방은 쉴 새 없이 북적였다. 말은 없었지만 할 건 다 했다. 카카오톡으로 팬들과 게임을 했다. 소리 안 내고 밥도 먹었다. 음악 없이 한 달간 연습한 빅뱅의 〈뱅뱅뱅〉도 췄다. 군대 간 빅뱅을 내세워 그의 소속사인 YG를 '깨알 홍보'하는 모범 사원의 자세도 보였다.

유병재가 이런 독특한 팬미팅을 기획한 이유는 "제 팬분들이 저처럼 낯가리고 소심한 분들이 많아서"라고 했지만, 그간 B급 정서에 기반한 풍자 개그를 선보여왔기에 담겨 있는 의미는 더욱 크다.

유병재는 SNS에서 '유병재 얼굴 그리기' 등 팬들과 다양한 소통을 해왔다. 팬들의 자발적인 참여를 유도했다. 본인의 반짝이는 아이디어를 SNS상에서 과시하고 싶어 하는 현재의 트렌드도 잘 파악했다. SNS의 발달로 스타와 팬들 사이의 소통이 무엇보다도 중요해졌다. 예전처럼 스타는 팬들이 별처럼 바라만 보는 존재가 아니다. 팬들과 적극

채팅으로만 소통한 유병재의 '세상에서 가장 고독한 팬미팅'

적으로 소통해야 한다. '고독한 팬미팅'은 익명성 기반의 오픈채팅이라는 소통의 트렌드를 잘 살렸다. 팬이 아니어도 보러 오고 싶게 만드는 독특한 콘셉트의 기획이다.

오픈채팅방에서 유병재와 유병재의 팬들은 동질감을 느끼고 원 없이 하고 싶은 이야기를 했다. 여기서는 누구도 모임에 나오라고 강요하지 않았다. 당신이 누구인지 꼬치꼬치 물어보지도 않았다. 묵언의 팬미팅이라는 하나의 목적을 달성했고, 두 시간 만에 쿨하게 헤어졌다. 느슨한 커뮤니티다.

우리 지금 만나, 당장 만나

콘텐츠 플랫폼을 운영하다 보면 사용자분들께 이런 질문을 많이 받

콘텐츠 플랫폼 마케팅

는다. "제 콘텐츠를 보는 사람들은 어떤 사람들인가요?" 그때 필자는 이렇게 대답한다. "어떤 분들인지 대충은 파악할 수 있지만, 정확하지는 않아요. 무형의 데이터를 보는 것보다, 직접 팬들과 대화해보거나 만나보시는 게 어때요?" 직접 소통하면 10번 데이터 들여다보고, 100번 상상한 것보다 훨씬 정확한 데이터를 얻을 수 있다. 무형의 데이터가 유형의 데이터가 된다. 〈인사이드 아웃〉의 '빙봉' 같은 상상 속의 무엇이 아닌 '사람'을 느낄 수 있다.

오픈채팅으로 직접 소통해보자. 러닝 크루처럼 리더 크루reader crew를 만들어보자. 오픈채팅은 누구든 쉽게 들어오고 나갈 수 있다. 읽고 답장을 하지 않아도 흉이 되지 않는다. 말하고 싶을 때만 말하면 된다. '1'이 없어지지 않아도 아무도 뭐라고 하지 않는다. 대화를 나누다가 마음 맞는 사람끼리는 따로 오픈채팅방을 만들어 깊은 대화를 나누어도 된다. 채팅이 답답하면 직접 만나도 된다. '오픈채팅 월드'에서는 다들 그렇게 살고 있다. 한 번 만나는 게 그렇게 어려운 일은 아니다. 가볍게 만나고 쿨하게 헤어지자. '느슨한 커뮤니티'에 새로운 마케팅의 답이 있을지도 모른다.

브런치,
고양이 집사를 닮은 플랫폼

— 글쓰기는 참으로 요망하다. 막상 쓰려면 안 써진다. 별생각 없었는데 갑자기 글감이 막 떠오른다. 마구 쓰다가도 한 번 막히면 대책이 없다. 하루가 지나도 생각이 안 난다. 그러다가 술 마시고 놀다 보면 또 글감이 생각난다. 고양이 같다. 우리 집 고양이 '마리'는 필자가 부르면 안 오고 별 관심이 없으면 슬쩍 와서 몸에 제 얼굴을 비비고 '꾹꾹이'를 해준다. 필자가 다가가면 앞발로 펀치를 날리다가도, 본인이 필요할 때는 소리 없이 다가와 보석 같은 눈망울로 바라본다.

 '요망한 글쓰기를 어떻게 하면 잘 할 수 있을까?' 이것만 고민하는 플랫폼이 있다. 카카오의 콘텐츠 퍼블리싱 플랫폼 '브런치'다. 요망한 고양이 같은 글쓰기를 품어줄 만반의 준비가 되어 있다. 고양이 집사 같다.

▎시대의 흐름을 역행한 브런치

필자는 브런치 초기 멤버가 아니다. 2017년 브런치팀에 합류했다. 브런치가 출시되던 2015년에는 다른 부서에 있었다. 브런치의 탄생을 옆에서 지켜봤다. 서비스를 출시했을 때 이런 생각이 들었다. '곧 망하겠구나.' 2015년 당시 콘텐츠업계에 파란을 일으키던 서비스가 있다. TV 광고까지 했다. 우주복을 입은 캐릭터는 사람들의 머릿속에 각인됐다. '우주의 얕은 재미'라는 TV 광고 카피로 스낵컬처와 카드뉴스 열풍을 일으킨 '피키캐스트'다.

대박이었다. 엄청난 인기를 끌었다. 피키캐스트는 인터넷의 무수히 많은 정보 중에서 젊은 세대들이 좋아할 만한 재미있는 콘텐츠를 제공했다. 카드 형태의 콘텐츠, 움짤(움직이는 사진) 등 모바일에 최적화된 형태의 콘텐츠를 큐레이션했다. 피키캐스트의 최초 슬로건은 "세상을 즐겁게". 모바일 시대 사용자들의 심심한 시간을 잡는 것이 피키캐스트가 추구하는 방향이었다. 사용자들의 일상과 가장 밀접한 이야기를 담기 시작했고, 여러 종류의 재미있는 콘텐츠를 제공했다. 거의 모든 미디어가 피키캐스트를 벤치마킹했다. 더 재밌게, 더 짧게, 더 화려한 콘텐츠를 만들었다. 작은 콘텐츠 제작사는 물론 대형 언론사까지 스낵컬처 열풍에 동참했다. 너도나도 카

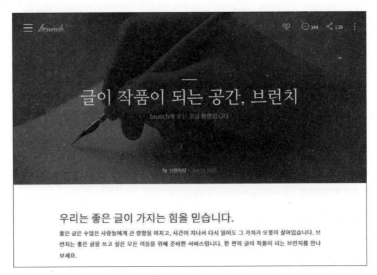

글이 작품이 되는 공간, 브런치

brunch에 오신 것을 환영합니다

by 브런치팀 · Jun 12, 2015

우리는 좋은 글이 가지는 힘을 믿습니다.

좋은 글은 수많은 사람들에게 큰 영향을 미치고, 시간이 지나서 다시 읽어도 그 가치가 오롯이 살아있습니다. 브런치는 좋은 글을 쓰고 싶은 모든 이들을 위해 준비한 서비스입니다. 한 편의 글이 작품이 되는 브런치를 만나보세요.

카카오의 콘텐츠 퍼블리싱 플랫폼 '브런치'*

드뉴스를 만들기 시작했다. 짧은 글, 재미, 킬링타임, 신선한 포맷, 비주얼. 이는 피키캐스트가 선도한 트렌드다.

브런치는 이와 정반대로 갔다. "우린 좋은 글이 가진 가치를 믿는다"고 선언했다. 시대의 흐름을 정면으로 역행했다. 다음은 브런치 오픈 공지 글의 첫 단락이다. "우리는 좋은 글이 가진 힘을 믿습니다. 좋은 글은 수많은 사람들에게 큰 영향을 미치고 시간이 지나서 다시 읽어도 그 가치가 오롯이 살아 있습니다. 브런치는 좋은 글을 쓰고 싶은 모든 이들을 위해 준비한 서비스입니다. 한 편의 글이 작품이 되는 브런치를 만나보세요."

• www.brunch.co.kr

콘텐츠 플랫폼 마케팅

나중에 꺼내 보아도 그 가치가 변함없는 글. '에버그린 콘텐츠'라고 한다. 짧고 빠르게 소비되는 스낵 콘텐츠와 대비된다. 재미보다는 공감과 감동을 좇는다. 신선한 포맷을 제공하기보다는 글쓰기에만 집중한다. 화려한 비주얼보다는 오롯이 텍스트만 잘 보여준다. '시대를 역행하는 서비스.' 브런치의 첫인상이었다. 망할 거라고 생각한 이유다.

2017년 필자는 브런치팀 멤버들과 함께 일하게 됐다. 2019년 현재, 망하지 않고 잘 살아남았다. 오히려 꾸준히 성장하고 있다. 작가 수 2만 명, 브런치에서 출간된 책은 무려 900권이 넘는다. 엄혹한 콘텐츠 시장에서 살아남을 수 있었던 이유를 브런치 초기 멤버들에게 들어봤다.

| 오로지 글에만 신경 쓰세요

"하얀 천과 바람만 있으면 어디든 갈 수 있어." 드라마 〈꽃보다 남자〉 속 지후 선배(김현중 분)의 오그라드는 대사지만 이만큼 적당한 표현이 없다. 브런치의 글쓰기 툴은 글에만 집중할 수 있도록 모든 기능을 단순화했다. 브런치와 글감만 있으면 무엇이든 쓸 수 있다. "글이 작품이 되는 공간"이라는 슬로건으로, 글 하나를 아름다운 작품으로 보이게 했다. 작가들이 쓴 글이 온전히 글만으로 존중받을 수 있도록 화면에서 글 이외의 요소를 최대한 배제했다. 브런치에서는 글을 쓰고 어떻게 꾸며야 할지를 걱정할 필요가 없다. 글쓰기에만 집중하면 된다. 실제로 브런치 글쓰기 툴의 콘셉트는 "흰 종이에 펜 하나만 준비했습니다"이다.

이를 위해 브런치팀 멤버들은 글 쓰는 사람들을 유심히 관찰했다. '어떤 기능을 제공해주면 글쓰기에 집중할 수 있을까?'를 고민했다. 관찰과 고민의 결과는 '아무것도 제공하지 않는다'였다. 글 쓰는 사람들은 글쓰기 툴의 다양한 기능을 거의 이용하지 않았다. 아래아한글이나 워드프로세서를 연다. 그간 생각해두었던 글감이나, 메모해두었던 내용을 옮긴다. 그리고 단숨에 글을 써 내려간다. 이후에 이를 컨트롤+C, 컨트롤+V로 글쓰기 툴에 붙여 넣는다. 이런 단순한 패턴에 착안해 글쓰기 툴의 기능을 단순화했다. 워드프로세서에서 쓴 글을 붙여만 놓아도 글이 작품처럼 보이게 하는 기능에 집중했다. 더 나아가 워드프로세서 대신 브런치 글쓰기 툴에도 단숨에 글을 써 내려갈 수 있도록 기능을 단순화했다.

생각날 때마다 틈틈이 글감을 정리할 수 있도록 어떤 디바이스에서도 작성과 수정이 가능하게 했다. 스마트폰으로 글감을 정리해 잠시 저장해두고, 이를 다시 PC에서 꺼내 보강하고, 발행 이후에도 스마트폰이나 PC를 통해 수시로 수정할 수 있도록 했다. 막상 쓰려면 머리가 백지장처럼 하얘지는, 요망한 글쓰기에 적합한 기능이다. 길을 가다가 좋은 아이디어가 떠올랐다거나, 어딘가에 기록하고 싶을 때면, 언제 어디서든 브런치 앱을 열어 바로 글을 쓸 수 있다. 방금 스마트폰으로 찍은 사진을 자유롭게 배치할 수 있다. 작성

콘텐츠 플랫폼 마케팅

된 글은 모든 디바이스에서 매끄럽게 수정이 가능하다. 필feel 받을
때 주르륵 써 내려가면 된다.

글을 쓰는 사람들은 쓰는 것은 금방 쓰지만, 편집은 오래 걸린다
는 점도 관찰했다. 편집을 쉽게 해주면 어떨까, 고민했다. 어떤 화
면에서도 디자이너의 손길을 거친 듯 아름다워 보이게 만들었다.
요리도, 내가 플레이팅한 것과 셰프가 플레이팅한 것은 다르다.
"디자이너가 여러분의 글을 아름답게 플레이팅해드리겠다"라는
콘셉트로 기능을 구현했다. 글만 쓰면 한 권의 책처럼 보일 수 있
도록 했다.

| 대세를 거스르고, 철학을 확고히 하다

브런치 프로젝트를 준비하며 가장 많이 받은 질문은 "브런치가 블
로그와 무엇이 다르냐?"였다. 디지털 콘텐츠를 모바일 또는 온라인
환경에서 생산하고 유통하고 소비하는 콘텐츠 퍼블리싱 플랫폼으
로 언뜻 보면 다른 블로그와 차이가 없어 보인다. 블로그는 집, 브런
치는 서재라는 개념을 설정했다. 블로그는 집처럼 마음껏 꾸밀 수
있는 나만의 공간이다. 어떤 콘텐츠든 담아낼 수 있다. 브런치는 오
로지 글에만 집중했다. 나만의 콘텐츠를 담는 공간이다. 서재, 서랍
이라는 개념으로 서랍에 글을 저장해두고, 발행하면 서재에 꽂아
놓는 식으로 블로그와 차별성을 뒀다.

오픈형 플랫폼이 아닌 폐쇄형 플랫폼이라는 점도 다르다. 브런치

에 글을 쓰고자 하는 사람은 '작가 신청'을 통해 포트폴리오와 이력 정보, 집필 계획 등을 제출해 일련의 심사 과정을 통과해야 한다. 블로그는 회원 가입만 하면 누구나 운영할 수 있다. 많은 사용자를 확보할 수 있다는 장점이 있지만, 정보의 홍수 속에서 양질의 콘텐츠를 찾기 어렵고 상업적이거나 광고성을 띤 글이 많다는 문제점이 있다. 브런치는 다른 블로그와 다르게 폐쇄형 플랫폼이기 때문에 심사를 통해 전문적이고 정제된 콘텐츠만 발행해 글의 신뢰도를 높일 수 있다. 상업성이나 홍보성을 띤 글을 업로드하면 작가 자격을 잃을 수도 있다. '브런치는 믿고 보는 콘텐츠'라는 인식을 독자들에게 심어주고 있다.

언제 보아도 가치 있는 글에 대한 독자의 니즈는 점점 커지고 있다. 수치가 이를 말해준다. 브런치의 글 수는 4년째 꾸준히 늘고 있다. 작가는 2만 명에 육박한다. 독자 수도 점점 많아지고 있다. 브런치를 통해 출간된 책은 900권이다. 60여 명의 작가가 출간 데뷔의 기회를 얻었다.

2018년 1월에 출간해 그해 상반기 종합 베스트셀러 1위(교보문고 집계), 판매부수 30만 부를 기록한 『무례한 사람에게 웃으며 대처하는 법』(가나출판사)의 정문정 작가는 브런치 연재를 계기로 베스트셀러 작가 반열에 올랐다. 정문정 작가뿐 아니라 『모든 순간이 너였다』(위즈덤하우스)의 하태완 작가,『하마터면 열심히 살 뻔했다』(웅진지식하우스)의 하완 작가 등 브런치 작가의 작품도 2018년

콘텐츠 플랫폼 마케팅

베스트셀러에 올랐다.

글뿐만 아니라 일러스트로 작가의 꿈을 이루기도 한다. 브런치의 '윤직원' 작가는 스스로를 '직장 팔아 만화를 그리는 작가이자 일러스트레이터'라고 소개한다. 윤 작가는 현재 회사에 재직 중인데, 일을 하며 보고 느끼는 것들을 소재로 한 만화를 브런치에 연재 중이다. 많은 직장인과 사회인 들의 공감을 얻은 덕에 이 만화를 모아 『윤직원의 태평천하』(윤선영 지음, 시드페이퍼, 2016)라는 책도 출간했다. 윤 작가는 카카오톡 이모티콘 '직장인의 넵!모티콘'을 출시하기도 했다. 출간뿐 아니라 이모티콘 작가, 강연자 등 다양한 기회로 연결되고 있다.

강한 자가 살아남는 게 아니다. 살아남는 자가 강하다. 스낵컬처 열풍은 잠잠해졌다. 브런치는 무사히 살아남았다. 시대의 흐름을 역행했다. 때로는 바보처럼 우직하게 좋은 글이 가진 힘을 믿었다. 대세를 거스르고, 철학을 확고히 했다. 뚝심 있게 밀어붙였다. 고양이처럼 요망한 글쓰기를 쉽고 편하게 해주는 단순한 기능에 집중했다. 요망한 글쓰기를 집사처럼 따뜻하게 보듬어줬다. 고양이의 눈 농자처럼 아름답고 보석 같은 글들이 브런치에는 아직 많다. 브런치는 출판과의 설레는 만남을 기다린다.

여행 가이드북의
종말

— 일주일간 베트남 다낭으로 가족여행을 다녀왔다. 7박 8일, 직장인이 낼 수 있는 비교적 긴 휴가였다. 여섯 살이던 아들과 함께 했다. 호텔마다 수영장이 있고 바다가 가깝다. 미취학 아동은 물만 있으면 종일 놀 수 있다. 5성급 호텔이 20만 원대로 가성비가 좋다. 음식 값과 교통비가 저렴하다. 마음껏 먹고 마셨다. 어디를 가든 택시로 안전하게 이동했다. 한국 사람이 많아 여기가 가평 펜션인지 외국인지 헷갈리는 점만 빼고는 괜찮은 여행지다. 아이 동반 여행의 좋은 조건을 갖추었다.

베트남은 10년 전에도 가봤다. 호찌민에서 시작해 냐짱까지 가는 남부 종단 여행이었다. 긴 일정이었는데 크게 준비한 것은 없었다.

'베트남 여행 가이드북' 하나면 충분했다. 공항에 내려서 어떻게 시내에 가는지, 호찌민에서 여행자 버스는 어떻게 예약하는지, 괜찮은 숙소는 어디에 있는지, 가이드북에 상세히 기록되어 있었다. 특히 지도가 유용했다. 여행지의 주요 위치마다 상세 지도가 있었고, 이 지도에는 관광 명소, 맛집, 추천 숙소의 위치가 잘 정리되어 있었다. 시계에 부착된 나침반과 함께 지도 속 명소를 찾아다니는 재미가 쏠쏠했다.

10년 후, 베트남으로 가는 항공기 안에서 가이드북을 보는 사람은 아무도 없었다. 비행기에서 내려서도 물론이다. 공항에 내리자마자 하나에 5,000원도 하지 않는 유심칩을 사서 바꿔 끼웠다. 구글맵스에 접속해 현재 위치를 파악했다. 포털 사이트에서 '다낭 공항에서 시내 가는 법'을 검색했다. 무거운 책 대신 스마트폰이 그 일을 하고 있었다.

▎더 이상 가이드북을 가져가지 않는 이유

여행자들이 가이드북에 기대하는 정보는 크게 네 가지다. 첫째, 여행지 정보. 둘째, 지도. 셋째, 식당. 넷째, 숙소. 이를 스마트폰이 주는 정보와 비교해보자. 지도부터 살펴보면, 국내 여행은 카카오맵과 네이버 지도가, 해외여행은 구글맵스와 시티맵투고 같은 지도앱이 거의 완벽에 가까운 정보를 제공한다. GPS 위치 추적으로 내가 어디에 있는지, 근처에 어떤 관광 명소와 맛집이 있는지 직관적으로 알려준다. 구글맵스의 진가는 해외에서 발휘된다. 타기 어렵다는 버스도 구글맵스의 대중교통 검색으로 쉽게 이용할 수 있다. 동남아에서 택시기사들이 빙 둘러가는 사기를 치려고 해도, 구글맵스를 켜는 순간 나쁘게 먹은 마음을 거둔다.

식당 정보와 숙소 정보를 제공하는 앱들은 열거하기 힘들 정도로 많다. 트립어드바이저, 익스피디아, 호텔스닷컴 등의 앱은 다양한 선택지를 주고 비교적 솔직한 후기를 제공한다. 여행자는 다양한 정보를 취합하여 앱을 통해 직접 숙소와 식당을 예약한다. 가이드북을 보고 따로 검색하거나 연락해서 예약하는 방식에 비해 훨씬 간단하다. 특히 식당과 숙소는 생존 주기가 짧다. 가이드북에서 괜찮다고 소개한 식당이나 숙소가 아예 없어지거나, 초심을 잃고 좋지 않은 서비스를 제공하는 사례들도 많다. 여행 가이드북의 바이블이라 불리는 『론리 플래닛』 또한 업데이트가 빠르지 않아 정확하지 않은 정보를 제공하는 사례가 많아지고 있다. 정확한 최신 정보를 얻기 위해 여행자들은 스마트폰을 이용한다.

여행지 정보는 아직까지 가이드북이 제 역할을 하고 있는 영역이다. 지도와 식당, 숙소 등은 최신 정보가 중요하지만, 여행지는 최신 정보보다는 정확하고 정제된 정보가 중요하다. 여행지에 대해 제대로 알고 싶은 사람은 책을 살펴본다. 정보 중심의 여행 가이드북보다는 특정 지역의 역사와 철학 등을 다양하게 담은 책, 지식을 쌓을 수 있는 책에 대한 수요가 높다.

최근에는 여행지 정보까지 제공해주는 앱이 등장했다. 해외여행 가이드 앱 '트리플'이다. 트리플은 '컨시어지'(안내원) 같은 서비스다. 한국인 여행자가 해외 여행지에서 마주칠 수 있는 상황과 맥락에 맞는 정보를, 쿡쿡 옆구리 찌르듯이 자연스럽게 제안한다. 여행 가이드북 등에 소개된 유명한 맛집 정보도 있지만, 그 근처에 현지인이 가는 숨은 맛집 정보도 함께 제공하는 식이다. 위치 기반이기 때문에 정확하고 직관적인 정보를 제공한다. 여행객들이 직접 방문한 맛집이나 명소 등에 대한 후기는 현재까지 9만 개 이상 모았다. 한국인이 많이 찾는 일본 오사카의 맛집은 후기만 수백 개씩 붙을 정도다. 트리플이 직접 편집, 제작하는 정보와 사용자 데이터, 포털, 블로그, SNS 등 외부 플랫폼에 있는 다양한 여행 정보 등을 분석해 사용자에게 가장 좋은 정보를 추천해준다.

아직도 많은 사람들이 가이드북을 본다. 하지만 예전처럼 여행의 필수품은 아니다. 여행 가이드북이 했던 많은 역할을 스마트폰이 대신하고 있다. 10년도 더 전에는 여행을 하며 음악을 듣기 위해 CD 플레이어와 CD를 챙기고는 했다. 이제 CD 플레이어를 챙기는 사람은 거의 없다. 스마트폰에 담긴 MP3를 듣거나, 스트리밍 서비스를 이용해 듣는다. CD가 없어지지는 않을 것이다. CD 음질을 좋아하는 사람은 CD 플레이어를 챙긴다. 없어지지 않는다고 위상이 유지되는 것은 아니다. 여행하면서 여행 가이드북을 챙기는 것은, CD 플레이어를 챙기는 것만큼이나 어려운 일이 될 것이다.

브런치 검색으로 여행하는 사람들

카카오의 콘텐츠 퍼블리싱 플랫폼 브런치에는 여행 관련 글이 많이 올라온다. 여행에 다녀와서 쓴 후기가 대부분이다. 브런치의 여행 후기는 기존 블로그의 여행기와 다른 느낌을 준다. 블로그의 여행기가 사진과 정보 중심이라면, 브런치의 여행기는 글과 감상 중심이다. 여행지에 다녀와서 느낀 점을 다소 호흡이 긴 글로 옮긴다. 굳이 블로그를 쓰지 않고 브런치를 찾는 사람들은, 여행에서 본인만이 느낀 감상을 글로 남긴다. 블로그 여행기는 포화 상태다. 대부분 비슷한 곳을 찾고 비슷한 정보를 남긴다. 포털에 '다낭 맛집'을 검색해서 가면 90% 이상이 한국 사람이다. 똑같은 곳에 가고 똑같은 감상을 남긴다. 새로운 곳을 찾아 떠나려는 여행자는 지루함을 느낀다.

이것이 브런치와 기존 블로그의 차이점이다. 여행지에서 느낀 '다양한 감각'을 글로 옮기고 싶어 하는 사람들은 브런치를 찾는다. 기존의 블로그와 다른 여행기가 올라오자, 브런치에서 여행기를 검색하는 사용자도 늘고 있다. 감상 중심의 여행기, 남들과 똑같은 곳이 아닌 색다른 곳에 대한 여행기의 수요가 늘면서, 브런치 여행기를 참고해 일정을 짜는 사람들도 생겨나고 있다. 단순히 보고 즐기는 여행에 그치지 않고, 감상하고 감각하고 공감하는 여행, 더 나아가 새로운 영감을 찾는 여행이 트렌드로 자리 잡고 있다.

최근 브런치에는 일본, 특히 도쿄에 대한 여행기가 많이 올라오고

브런치 페이지 '서점의 미래로 불리는 하코다테 츠타야에 다녀오다'[*]

브런치 페이지 '마케팅/커뮤니케이션하는 사람의 도쿄'[**]

있다. 독자들도 도쿄 여행기를 많이 찾는다.

'서점의 미래로 불리는 하코다테 츠타야에 다녀오다'와 '마케팅/커뮤니케이션하는 사람의 도쿄'는 각 분야의 전문성을 가진 사람들이 그들만의 시각으로 도쿄를 해석한 여행기다. 츠타야 서점 방문기는 소셜미디어에서 4,500회 이상 공유됐다. 단순한 여행지 정보가 아니다. 여행자의 전문성을 잘 살린, 관점이 담긴 탐방기다. 이처럼 브런치 여행기는 여행 가이드북이 가야 할 새로운 방향을 제시해주고 있다.

| 가이드북의 미래

가이드북의 새로운 패러다임을 제시하는 시도는 크라우드펀딩을

• https://brunch.co.kr/@veloso/1

•• https://brunch.co.kr/@nonamestudy/58

텀블벅 프로젝트 '〈올라! 쿠바〉 가이드 북 출간'[*]

텀블벅 프로젝트 '직접 만드는 여행 가이드북 by 스테게론'[**]

- https://tumblbug.com/holacubaguide
- https://tumblbug.com/stergeronmag

콘텐츠 플랫폼 마케팅

통해 이루어지고 있다. 독립출판에 두각을 보이는 텀블벅에서는 이와 관련한 다양한 프로젝트가 진행된다. '〈올라! 쿠바〉 가이드북 출간' 프로젝트의 진행자는 2011년부터 매년 쿠바를 여행했다. 쿠바의 매력에 빠져 자주 찾으면서, 다른 여행자들에게 다양한 질문을 받았다. 쿠바의 다양한 정보를 혼자만 알고 있기 아쉬워 책을 내기로 했다.

"현재 한국 서점에는 '쿠바'만을 중점적으로 다룬 단독 가이드북이 없습니다. 유명한 해외 가이드북은 아직 번역되지 않았습니다. 초보 여행자의 시선에서 기본 정보부터 아주 세세하게 다룬 가이드도 없습니다. 구글 신만 믿고 여행을 떠나기엔, 쿠바의 인터넷은 아직까지 매우 제한적입니다." 창작자가 프로젝트를 진행하는 이유다. 틈새시장을 잘 공략했다. 현재 제대로 된 쿠바 가이드북이 없다. 인터넷이 불안정한 쿠바 특성상 오프라인 매체가 꼭 필요한 지역이다. 1쇄는 1,000부만 인쇄할 계획으로 펀딩을 받았지만, 목표했던 300만 원을 200% 초과 달성해 총 608만 원을 펀딩받았다.

'직접 만드는 여행 가이드북 by 스테게론' 프로젝트는 특별한 나만의 여행 가이드북을 만들 수 있게 돕는다. 여행을 준비하고, 경험하고, 정리하는 과정을 여행자가 직접 한 권에 담을 수 있도록 구성한 '참여형 가이드북'이다. 여행을 떠나기 전 준비한 자료들을 스스로 구성할 수 있게 만들었다. 책은 빈 공간이 대부분이며, 이를 스스로 채워나가야 한다. 이런 가이드북이 왜 필요한가 반문할 수 있지만, 388만 원이나 펀딩받았다.

두꺼운 가이드북보다는 내가 가고 싶은 곳, 내가 경험하고 싶은 것들만 미리 정리한 얇은 가이드북에 대한 수요가 있었던 것이다. 정보를 스스로 찾고, 이를 정리해 나만의 책으로 만들고 싶다는 여행자의 니즈도 잘 파악했다. 최근 PDF 파일로 나만의 가이드북을 만드는 트렌트가 20대 여행자들을 중심으로 퍼져나갔고, 이를 반영한 것이다.

이 글에 '여행 가이드북의 종말'이라는 도발적인 제목을 썼지만, 가이드북이 영원히 사라지지는 않을 것이다. 정보는 스마트폰이 다 담아내고 있지만, 책만이 줄 수 있는 가치가 있다. 경험과 질감이다. 이제는 여행 가이드북의 새로운 패러다임이 필요한 때다.

브런치에는
미래의 트렌드가 있다

— 인터넷으로 기사를 보고 있었다. 팝업이 떴다. 팝업 차단 옵션을 꺼놨나 보다. 대체로 팝업은 귀찮은 존재다. 갑자기 기사를 가리는 창이 뜨면 기분이 나빠진다. 종료 버튼을 누르려는 순간, 멈췄다. 이 팝업은 달랐다. 기사 읽기를 방해했지만 기분이 나쁘지는 않았다. 팝업 안에 담긴 문장이 눈에 확 들어왔다. 한동안 그 문구를 바라봤다. "Sign up for the daily newsletter, Stories from the future, Delivered today." 뉴스레터 구독을 유도하는 문구다. "뉴스레터를 구독한다면 미래의 이야기를 배달받을 수 있다." 참으로 당당한 문구다. 이런 자신감은 어디서 나오는 것일까?

▎〈와이어드〉가 독자에게 주는 가치

콘텐츠 플랫폼 운영자들은 사용자에
게 어떤 가치를 줄 수 있을지 항상 고
민한다. 이 매체는 팝업 문구로 그들
이 추구하는 가치와 철학을 표현했
다. 매력적인 문구의 팝업을 띄운 매
체는 미국의 테크 매거진 〈와이어드〉
다. 이 매체의 창간자는 케빈 켈리*다.

테크 매거진 〈와이어드〉의 팝업**

앞서 「빅데이터를 믿지 마세요」 꼭지에서 언급했던 문장의 주인이
다. "당신에게 진정한 팬 1,000명과, 그들과 당신을 직접적으로 이
어줄 새로운 테크놀로지만 있다면, 당신은 좋아하는 것으로 먹고살
수 있습니다." 이는 필자가 플랫폼 운영자로 밥 벌어 먹고살면서,
'업의 철학'으로 삼는 문장이다. 많이도 필요 없다. 1,000명만 있으
면 된다. 빙 둘러 이어주지 않는다. 직접 만나게 해주면 된다. 기술
로 그것을 가능하게 해준다. 그럼 그는 좋아하는 일을 하면서 평생
먹고살 수 있다.

• 세계 최고의 과학 기술 문화 전문 잡지 〈와이어드〉의 공동 창간자 가운데 한 명으로, 처음 7년 동안 그
잡지의 편집장을 맡았다. 네트워크에 기반한 사회와 문화를 예리하게 분석한 통찰력 넘치는 글들로 〈뉴
욕타임스〉로부터 '위대한 사상가'라는 칭호를 얻기도 했다. 해커 회의, '웰(Well)'과 같은 인터넷 공동체
를 통해 사회와 문화의 혁신 운동을 주도하고 있는 활동가이기도 하다. 베스트셀러인 『디지털 경제를 지
배하는 10가지 법칙』(황금가지, 2000)과 『기술의 충격』(민음사, 2011), 『인에비터블 미래의 정체』(청림
출판, 2017) 등의 저서가 있다.

•• https://www.wired.com/

이상적인 이야기로 들릴 수 있지만 실제 사례가 나오고 있다. 많은 크리에이터, 작가 들이 강력한 소수의 팬을 기반으로 먹고살고 있다. 웬만한 월급쟁이보다 많이 버는 크리에이터도 종종 등장한다. 기술이 크리에이터와 팬을 이어주면서 가능해졌다. 케빈 켈리는 필자에게 많은 영감을 주는 사람이다. 그는 쉬운 문장을 쓴다. 빠른 이해가 가능하다. 기억에 잘 남는다. '1,000명의 팬과 연결의 기술.' 'Stories from the future.' 문장은 필요할 때 언제든지 떠올릴 수 있다. 어렵게 말하는 것은 쉽다. 어려운 것을 쉽게 말하는 게 어렵다. 케빈 켈리는 쉬운 말로 좋은 영감을 준다. 카피라이터를 해도 잘했을 것 같다.

플랫폼 운영자에게는 '설명 책임'이 있다. 우리는 어떤 철학을 갖고 있고 어떤 가치를 줄 수 있는지 사용자들에게 설명할 의무가 있다. 카카오는 "connect everything, 새로운 연결, 더 나은 세상"이다. 모든 것을 연결해 더 나은 세상을 만드는 데 기여하겠다는 것이다. 〈와이어드〉는 "미래에서 온 이야기"로 설명 책임을 다했다.

▌브런치는 독자들에게 어떤 가치를 주는가

브런치는 '글이 작품이 되는 공간'이라는 콘셉트의 콘텐츠 플랫폼이다. '글'과 '작가'에 초점을 맞추었다. 때문에 글 작성 기능이 매우 강력하다. 툴의 기능적인 부분으로는 사용자들에게 좋은 가치를 주고 있다고 생각한다. 브런치를 읽고 소비하는 독자들에게는 어떤 가치를 줄 수 있을까? 운영자로서 설명 책임에 대해 고민하기 시작했다. "브런치에 오면 좋은 글을 볼 수 있어요" 같은 추상적인 표현이 아닌 구체적인 메시지를 제시해야 한다. 구체적인 메시지를 위해서는 객관적인 데이터가 필요하다.

브런치에는 독자적인 공모전 브랜드가 있다. '브런치북 프로젝트'는 책을 한 번도 출간한 적 없는 아마추어 작가를 위한 신인 공모전이다. 2015년부터 시작해 2018년까지 4년째 진행 중이다. 출판사와 함께 '당신의 첫 책'을 만들어준다는 콘셉트로 진행하고 있으며, 2018년에는 6회가 진행됐다. 브런치북 프로젝트를 통해 다양한 작가들이 책 출간의 기회를 얻었다. 2018년까지 약 60여 권의 책이 시중에 출간됐다. 필자는 브런치북 프로젝트를 '모바일판 신춘문예'(라고 쓰고, 그렇게 되기를 희망한다)라 부르고는 한다.

그간 신인 작가 등단의 기회는 매우 제한됐다. 권위 있는 문학 공모전에 당선이 돼야만 등단의 기회가 주어졌다. 그러나 이제 인터넷과 모바일로 텍스트 콘텐츠 소비 패러다임이 바뀌었다. 인터넷에 꾸준히 습작해오던 글을 모아 출간하는 사례가 많아졌다. 그런 책이 베스트셀러에도 종종 오른다. 이제 '등단'이라는 이름과 함께 이런 방식의 작가 데뷔에도 권위를 부여해도 되지 않을까 싶다.

브런치북 수상작 키워드는 미래의 트렌드다

브런치북 대상 수상작들의 '키워드'를 살펴보면서 재밌는 현상을

콘텐츠 플랫폼 마케팅

발견했다. 수상 당시에는 자주 언급되거나, 많이 알려진 키워드가 아니었는데, 1~2년 후에는 트렌드가 됐다. 장수한 작가는 대기업을 그만두고 자신을 되돌아보며 '퇴사의 추억'이라는 회고록을 썼다. 2015년 브런치북 1회 대상 수상자다. 작가는 초일류 회사에 입사했고, 평범한 나를 찾기 위해 퇴사했다. 브런치 글은 책으로 출간됐다.

다음은 『퇴사의 추억』(렛츠북, 2016) 소개 글이다. "공허한 업무와 눈치성 야근에 떠밀려 미지근한 피로에 영혼을 잃어가는 오늘날 회사 문화를 날카롭게 파고들었다. 감성적 체험과 이성적 사유가 독특하게 버무려진 통찰이 돋보이는 글을 썼다. 직장인과 대학생 들에게 전폭적인 공감과 지지를 얻으며 '퇴사'라는 화두를 던졌다. 현재는 '퇴사학교'의 창업자이자 교장으로 활동하며 꿈을 찾는 어른들의 학교를 만들어가고 있다."

2015년만 해도 '퇴사'라는 키워드가 대중적이지는 않았다. 직장인이라면 누구나 가슴속에 사표 하나쯤은 품고 다니지만, 그것을 입 밖으로 꺼내는 사람은 많지 않았다. 하지만 지금은 다르다. '퇴사'라는 말이 일상화됐다. 많은 직장인이 퇴사 이후의 삶을 '대놓고' 고민한다. 퇴사를 준비하는 모임도 생겼다. '퇴사'라는 키워드가 어색하지 않다.

2017년 6월에는 〈SBS 스페셜〉 '퇴사하겠습니다' 편이 화제를 모았다. 심야 다큐멘터리 프로그램임에도 4.6%의 시청률로 같은 날

브런치북 1회 대상 수상자 장수한 작가의 브런치 페이지 '퇴사의 추억'(좌)과 단행본 『퇴사의 추억』(우)

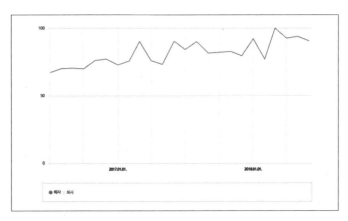

네이버에서 '퇴사'를 키워드로 한 검색량

• https://brunch.co.kr/magazine/suhanjang

콘텐츠 플랫폼 마케팅

방송한 예능 프로그램 〈런닝맨〉의 시청률(4.4%)을 뛰어넘었다. '퇴사하겠습니다'는 평범한 직장인이 퇴사 이후 자신의 행복을 찾아가는 사례들을 제시했다. 이로써 '퇴사'라는 키워드가 시대의 트렌드로 자리 잡아가게 됐다.

놀라운 건 이 같은 트렌드가 만들어지기 전인 2015년, 이미 브런치에서는 '퇴사'라는 키워드가 자주 언급됐다는 것이다. 다양한 직장인들이 퇴사에 대한 글을 썼다. 지금도 브런치에서 '퇴사'를 검색하면 수많은 글을 만나볼 수 있다. 우리나라 인터넷 사용자의 80%는 검색 포털로 네이버를 활용한다. 네이버 트렌드 서비스*를 통해 네이버 통합검색에서 특정 검색어가 얼마나 많이 검색되었는지 확인할 수 있다. 과거와 현재의 트렌드를 살펴보기 좋다.

네이버 트렌트에 '퇴사'의 2년치 검색량을 알아봤다. 왼쪽 그래프는 네이버에서 해당 검색어가 검색 및 클릭된 횟수를 월별로 합산하여 2016년 7월부터 2018년 6월까지 최대 검색량을 100으로 표현해, 상대적인 변화를 나타낸 것이다. 키워드 '퇴사'는 2016년과 2018년을 비교했을 때, 2018년이 상대적으로 높게 나타난다. 우상향 그래프를 볼 수 있다. 사람들이 2년간 '퇴사'를 꾸준히, 조금씩 더 많이 검색했다는 뜻이다.

'퀀트'라는 키워드는 2016년 브런치북 3회 대상 수상자 권용진 작가가 제시했다. '월가의 로봇 과학자 퀀트 이야기'다. 이 내용은

• https://datalab.naver.com/keyword/trendSearch.naver

브런치북 3회 대상 수상자 권용진 작가의 브런치 페이지 '월가의 로봇 과학자 퀀트 이야기'(좌)와 단행본 『인공지능 투자가 퀀트』(우)[•]

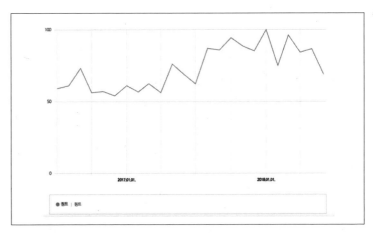

네이버에서 '퀀트'를 키워드로 한 검색량

• https://brunch.co.kr/magazine/quant

콘텐츠 플랫폼 마케팅

『인공지능 투자가 퀀트』(카멜북스, 2017)라는 제목으로 출간됐다. 다음은 책 소개 글이다. "인간 대신 돈을 벌어다주는 인공지능 로봇이 있다? 뉴욕 현지에서 활약 중인 한국인 퀀트가 전하는 월스트리트 인공지능 로봇 전쟁 이야기. 대중에게는 알파고를 계기로 인공지능, 빅데이터에 대한 관심이 급물살을 타게 되었지만 사실 월스트리트에서는 수십 년 전부터 시작된 일이었다. 전쟁터와 다를 바 없는 월스트리트에서 전 세계 금융 시장의 판도를 뒤집은 퀀트들의 박진감 넘치는 과거와 현재를 담았다. 또한 인공지능과 함께 빠르게 변화하는 금융업계 미래에 대한 예측을 다룬다. 제3회 브런치북 프로젝트 대상 수상작이자 누적 조회수 100만 건에 이르는 퀀트 이야기로 제4차 산업혁명 시대에 잘 대처할 수 있길 바란다."

　권용진 작가의 브런치 글을 읽기 전까지 '퀀트'라는 말이 있는지도 몰랐다. 퀀트는 계량화된 데이터와 인공지능으로 수익을 올리는 투자 방식이다. 권용진 작가는 한국인 퀀트도 거의 없고 정보도 전무한 상황에서 우여곡절 끝에 초단타 주식 옵션 퀀트로 월스트리트에 입성했다. 끝없이 발전해가는 퀀트 인공지능과 고속 시스템들을 지켜보며 한국에 이와 같은 전 세계적인 추세를 알리고자 브런치에 글을 올렸다.

　'퀀트'의 네이버 트렌드를 열어봤다. 브런치가 퀀트를 세상에 알렸다고 볼 수는 없지만 2017년에 비해 2018년에는 검색량이 확연하게 늘어난 것을 볼 수 있다. 브런치에서는 이미 2016년부터 퀀트

브런치북 5회 대상 수상자 장영학 작가의 브런치 페이지 '조직문화 이야기'(좌)와 단행본 『어서 와, 리더는 처음이지?』(우)[•]

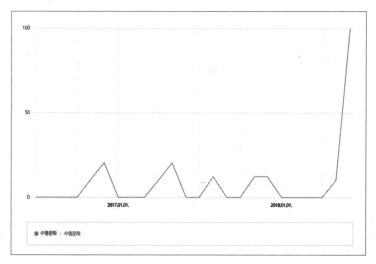

네이버에서 '수평문화'를 키워드로 한 검색량

• https://brunch.co.kr/magazine/org-culture

콘텐츠 플랫폼 마케팅

에 대한 글이 연재되고 있었다. 브런치가 미래를 내다보는 점쟁이는 아니다. 하지만 소수의 사람들만 관심을 갖던, 소수의 사람들만 알던 정보가 브런치에서 콘텐츠로 생산되고 있다. 이들은 1~2년이 지나 트렌드가 되고는 한다. 그런 트렌드를 제시하는 작가들이 브런치에 있다.

"Trends from the future." 사용자들은 귀찮겠지만, 브런치에 이런 팝업을 띄워봐도 되지 않을까? 언젠가는 이것과 비슷한 문장으로 브런치 '설명 책임'을 다하고자 한다. 케빈 켈리처럼 브런치 작가들도 많은 이들에게 영감을 준다. 그 영감은 미래의 트렌드가 된다. 출판업계가 브런치 작가들을 주목해야 하는 이유다.

▍2019년 트렌드 키워드는 무엇일까

장영학 작가는 '조직문화 이야기'로 2017년 브런치북 5회 대상을 탔다. 대기업에서 직원을 채용하고 관리하던 경험을 담아 회사 조직문화에 대한 이야기를 연재했다. 작가의 글은 『어서 와, 리더는 처음이지?』(책비, 2018)라는 제목으로 7월 13일 출간되었다. 작가는 연재에서 '수평문화'를 꾸준히 강조한다. 압축 성장시대에는 '수직문화'가 맞았지만, 현 시대에는 '수평문화'가 더 효율적이라는 주장이다. 왼쪽은 네이버 트렌드의 '수평문화' 검색량 그래프다. 놀라운 기울기가 나왔다. 판단은 스스로 해주시기를.

업 에세이,
직장인 작가의 탄생

—"합시다, 스크럼." 생소하고 진취적인 대사로 시작하는 단편소설이 SNS에서 큰 화제를 일으켰다. 직장인들의 전폭적 지지를 얻었다. '내 이야기 같다' '일기를 그대로 옮겨놓은 듯한 소설이다' 등 공감하는 댓글이 이어졌다. 이 소설은 제21회 창비신인소설상 당선작인 장류진 작가의 「일의 기쁨과 슬픔」이다.

소설은 경기도 성남시 판교테크노밸리에서 벌어지는 얘기다. 주인공 안나는 중고 물건 거래 스마트폰 앱 '우동마켓'을 만드는 스타트업에 다니고 있다. '우리동네 마켓'을 줄인 표현인데 이름부터 재밌다. 거북이알이라는 이름을 가진 한 사용자가 물건을 너무 많이 올려 마켓의 생태계를 교란시키자, 스타트업 대표는 안나에게 거북이알을 만나보라고 한다. 거북이알을 직접 만난 안나는 월급을 포인트로 받았다는 충격적인 이야기를 듣게 되는데…. 더 이야기하면 스포일러다. 〈창작과비평〉 사이트●에서 검색하면 무료로 볼 수 있다. 분량이 짧지는 않지만 술술 읽혀서 시간 가는 줄 모른다. 그만큼 몰입할 수 있다.

▌평범한 일이 평범하지 않은 세상

소설의 인기는 어마어마했다. 〈창작과비평〉 온라인 홈페이지는 접속자가 몰려 한때 서버가 다운되기도 했다. 무려 15만 명이나 이 소설을 읽었다. 판교 직장인의 삶에 대한 묘사가 매우 구체적이라는 의미의 '하이퍼 리얼리즘', 읽다 보면 환장한다는 뜻의 '환장문학'이라는 별칭도 생겼다.

필자는 IT 회사에 다니고 있다. 이 소설을 함께 읽은 주변 사람들의 반응은 엇갈렸다. 우선 '우리 이야기를 해주는 것 같아 재밌다'는 반응이다. 소설 속 가상의 스타트업은 수평 커뮤니케이션과 의사결정의 간소함을 위해 영어 이름을 쓴다. 하지만 주인공 안나는, 대표가 수평적 소통에는 별 관심이 없고 촌스러운 본명인 박대식 대신 데이빗으로 불리고 싶어서 그러는 거라고 생각한다. 수평 커뮤니케이션을 지향하는 조직문화에 있는 사람이라면 누구나 겪어봤을 법한 모순적 경험이다. 애자일, 스크럼 등 실리콘밸리 문화라면

● http://magazine.changbi.com/q_posts/일의-기쁨과-슬픔/

제대로 알아보지도 않고 무조건 좋다고 적용하는 모습도 풍자했다. "스크럼을 아침 조회처럼 생각하니 심히 문제다"라는 표현은 업계 관계자라면 누구나 이해할 수 있는, 한 번쯤 생각해봤음 직한 내용이다.

반면 '이게 어떻게 소설이 될 수 있느냐'는 의견도 있다. 가만히 보면 이 소설의 내용은, 판교에서 IT 회사에 다니는 사람이라면 누구나 경험해본, 혹은 생각해봤을 법한 이야기다. '그저 글발 좋은 스타트업 직원의 일기 아닌가'라는 혹평도 있었다. 질투가 섞인 것 같기는 했지만. 〈창작과비평〉은 심사평에서 "세태를 포착하고 자기만의 감수성으로 다루는 이 작가의 특징을 알 수 있었다"며 "전체적으로 가볍다는 인상이 들었지만 자기만의 인상이 확실하고 다음 소설을 더 읽어보고 싶은 작가가 누구인가라는 질문을 던졌을 때 기대감을 품은 심사위원이 많았다"고 당선 이유를 밝혔다. 어쨌든 업계 사람들은 누구나 공감할 법한 이야기, 일기 같은 이야기가 주류 소설로 인정받았다. '하이퍼 리얼리즘'이라는 새로운 문법으로 직장인의 애환을 그린 걸출한 신인 작가가 탄생했다.

우리나라에서 업業을 가진 사람은 대부분 직장인이다. 직장에 적을 두고, 월급을 받으며 일하고 있다. 많은 사람들이 하는 일이기에 별다를 게 없다고 생각해왔다. 최근에는 달라졌다. 평생직장이라는 개념이 사라지고 평균 수명이 길어졌다. 평범한 일이 평범하지 않게 됐다.

콘텐츠 플랫폼 마케팅

업과 일에 대한 호기심이 생겼다. 다양한 업에 도전할 기회도 많아졌다. 도전하지 않으면 도태되는 문화도 생겨났다. 자기 일을 하면서 다른 일도 하는 사람들의 삶이 궁금해졌다. 다른 일뿐 아니라 내 일에 대해서도 더 알고 싶어졌다. 방송은 이런 트렌드를 빠르게 반영한다. MBC 예능 프로그램 〈구내식당〉은 한 번도 공개된 적 없는 국내 기업의 구석구석을 살펴보는 '남의 회사 유랑기'다. 회사의 구내식당에 직접 찾아가 같이 밥을 먹으며 그들이 무슨 일을 하는지, 어떤 애환이 있는지 들어본다.

KBS2의 프로그램 〈회사 가기 싫어〉는 직장인이 겪는 회사 내 부조리와 답답함을 전한다. 가상의 중소기업 한다스 오피스 영업기획부를 관찰하는 페이크 다큐멘터리 형식의 프로그램이다. 회사 워크숍을 준비할 때는 부장님이 원하는 바를 파악하는 게 먼저라든지, 인센티브 대신 김 한 상자를 주는 내용은 쓸쓸한 웃음을 짓게 한다.

MBC every1 〈단짠 오피스〉는 30대 직장인이 회사에서 겪을 법한 일들을 드라마로 구성했다. 회사에 비상사태가 발생했을 때 어떻게 대응하는지, 사내 정치와 사내 연애에 대한 고민 등 회사 안의 일들을 제법 생생하고 현실적으로 그렸다. 물론 마케팅 부서원이 모두 잘생기고 예쁘다는 점은 비현실적이지만(부장만 현실적이다).

베스트셀러 작가가 된 직장인

업에 대한 에세이, 일명 '업 에세이'가 텍스트 콘텐츠 시장에 신선한

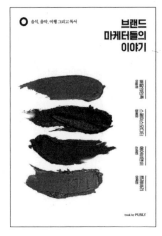

잘나가는 마케터들의 이야기를 담은 『브랜드 마케터들의 이야기』

크리에이티브 디렉터의 기획을 위한 특별한 습관을 정리한 『기획자의 습관』

바람을 일으키고 있다. 다양한 직장인들이 업 에세이를 통해 작가로 데뷔하고 있다. 잘나가는 마케터들의 이야기를 담은 책『브랜드 마케터들의 이야기』(이승희 외 지음, 북바이퍼블리, 2018)는 베스트셀러에 올랐다. 뜨고 있는 네 개 브랜드의 마케터들이 어떻게 일하고 무엇을 바라보고 어디에서 영감을 얻는지, 생생한 이야기를 들려준다. 이 책은 유료 콘텐츠 플랫폼 퍼블리를 통해 제작됐고, 디지털 콘텐츠를 책으로 묶었다. 배달의민족 이승희, 스페이스오디티 정혜윤, 에어비앤비 손하빈, 트레바리 이육헌 마케터가 함께 지었다. 마케팅 실무자와 예비 마케터들의 뜨거운 지지를 받았다.

『기획자의 습관』(최장순 지음, 홍익출판사, 2018)은 많은 회사에서 '난 누군가 여긴 어딘가' 하며 자아성찰 중인 수많은 기획자들에게

콘텐츠 플랫폼 마케팅

제대로 어필했다. 필자도 회사에서는 서비스 기획자의 역할을 하고 있어 본능적으로 관심을 가지게 됐다. 구찌, 인천공항, 삼성전자, LG전자, 서울시 캠페인의 브랜딩 전략을 맡은 크리에이티브 디렉터 최장순의 기획을 위한 특별한 습관을 정리한 책이다. 작가가 생활하고 공부하고 생각해온 반복적인 10가지의 필수 습관들이 기록되어 있다. "기획은 특정 프로젝트를 위한 공식이 아니라, 일상을 관통하는 습관이다. 그리고 습관의 끊임없는 진화만이 기획을 기획답게 만들어준다"며 습관의 중요성을 역설한다. 주변 기획자들 사이에서 '어머, 이 책은 꼭 사야 해'라는 소문이 퍼졌다.

하나의 업을 다룬 콘텐츠는, 그 일에 종사하고 있는 '커뮤니티'를 타깃으로 삼을 수 있다는 점에서 매력적이다. 커뮤니티는 어려운 마케팅을 쉽게 만들어준다. '우리 업계에선 이 책이 유명한데 아직 안 샀어?'라며 바이럴 마케팅된다. 직장인에게는 '교육비'라는 복지 제도도 있다. 이를 잘 활용할 수 있는, 명분이 충분한 책이 나온다면, 주머니 사정 뻔한 직장인들의 경제적 부담을 덜어줄 수도 있다.

브런치는 2018년 8월, 프로필 개편을 통해 작가가 스스로 본인의 직업을 설정할 수 있게 했다. 작가의 정체성과 전문성이 보다 잘 드러날 수 있도록 프로필을 업데이트할 수 있게 한 것이다. 몇 가지 키워드를 설정하면 본인과 유사한 환경에 있는 작가를 쉽게 찾을 수 있다. 이를 통해 비슷한 직업과 관심을 가진 사람끼리 커뮤니티를 형성할 수 있고, 글 쓰는 데 영감을 얻을 수도 있다. 또한 내부·외

브런치의 글을 모아 출간한 『무례한 사람에게 웃으며 대처하는 법』

브런치 글을 모아 출간한 책을 소개한 글 '우아하고 단호하게 거절하는 연습'•

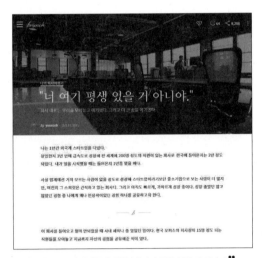
SNS에서 8,000번 넘게 공유된 글 '너 여기 평생 있을 거 아니야'••

• https://brunch.co.kr/@annejeong/61
•• https://brunch.co.kr/@yoonash/14

콘텐츠 플랫폼 마케팅

부 검색을 통해 작가들이 발견될 수 있는 접점을 넓혔다. 만약 어떤 독자가 '디자이너'라는 업에 관심을 갖고 검색한다면, 프로필 키워드로 '디자이너'를 설정한 사람을 더 많이 보여주는 방식이다. 현재까지 작가, 기획자, 디자이너, 마케터, 예술가, 일러스트레이터 등 다양한 '업 키워드'가 등록됐다. 이 직업을 가진 작가들의 업 에세이를 쉽게 찾아볼 수 있다.

브런치에 글을 쓰기 시작한 뒤 인생의 전환점을 맞은 직장인이 많아지고 있다. 브런치 글로 첫 책을 출간한 뒤 전업 작가로 전향하거나, 본업과 관련된 글을 쓰면서 전문성을 인정받아 업계 유명인사가 되기도 한다. 글을 통해 자신을 표현하고 드러냄으로써 뜻밖의 기회를 맞기도 한다. 2018년 1월에 출간해 그해 상반기 종합 베스트셀러 1위(교보문고 집계), 판매부수 30만 부를 기록한 『무례한 사람에게 웃으며 대처하는 법』의 정문정 작가는 잡지 기자로 첫 사회생활을 시작했다. 이후 온라인 미디어 편집장 등을 거치며 온라인 매체에 칼럼을 연재하던 무명 작가였다. 자신의 생각을 담은 에세이를 브런치와 〈대학내일〉에 연재하던 작가는 자신의 글을 모아 『무례한 사람에게 웃으며 대처하는 법』을 출간한 후 브런치에 자신의 책을 소개하는 글을 올렸다.

'우아하고 단호하게 거절하는 연습' 등의 글은 카카오 여러 채널에 노출되며 많은 조회수를 기록했다. 광고 없이 출간 이틀 만에 1쇄 3,000부가 모두 팔렸다. 출간 1개월 만에 25쇄, 3개월 만에

42쇄를 기록하며 순식간에 베스트셀러에 올랐다. 2018년 3월에는 베트남 등에 판권을 판매해 해외 진출도 이루었다.

정혜윤 마케터도 직장인 작가의 좋은 사례다. 외국계 스타트업에 다닐 때 인상적이었던 경험을 전한 브런치 글 '너 여기 평생 있을 거 아니야'는 소셜미디어에서 무려 8,000번이 넘게 공유됐다. 다양한 직장에 다녔던 작가의 경험을 솔직하게 적은 글에 많은 직장인들이 공감했다. 브런치 구독자는 1만 명이 넘는다. 작가는 현재 스페이트 오디티 마케터로 재직 중이며, 앞서 언급한 『브랜드 마케터들의 이 야기』의 공저자다.

| 경험과 철학이 담긴 업 에세이

브런치의 업 에세이는 단순한 감상에 그치지 않는다. 경험이 담겨 있다. 일에 대한 태도와 자세도 담겼다. 단순히 사례만 나열한 게 아 니다. 업에 대한 본인의 철학도 담겼다. 경험과 철학이 담긴 글은 그 업을 겪어보지 못한 사람도 공감하게 한다. 간접 경험이지만 직접 경험 못지않다. (브런치팀에서는 업 에세이를 줄여 '업세이'라 부르기도 한다.)

「일의 기쁨과 슬픔」의 장류진 작가는 사실 필자와 한 회사에서 함 께 일하던 동료였다. 그래서 공감의 농도는 더 짙었다. 작가는 언론 과의 인터뷰에서 "7년간 판교에 있는 IT 회사에서 일했던 경험을 소설에 담았다"고 밝혔다. 함께 같은 부서에서 일한 적은 없었다.

콘텐츠 플랫폼 마케팅

인트라넷(사내 게시판)을 통해서만 만났다. 글을 아주 잘 쓴다는 느낌을 받았다. 인트라넷에서 그런 느낌을 받기는 힘들다. 묘하게 업무 관련 글에도 내러티브가 살아 있었다. 현재는 다른 회사에 다니고 있다. 여전히 IT 회사다. 그의 다음 작품이 기대된다.

본인의 업에 대한 이야기도 콘텐츠가 될 수 있다. 베스트셀러 작가도 될 수 있다. 저명한 문예지를 통해 신인으로 등단할 수도 있다. 경험과 철학을 마음속에만 머릿속에만 담아두지 말고, 브런치 글쓰기 창을 열어보자. "씁시다, 업세이!"

3장

출판과
플랫폼의 만남

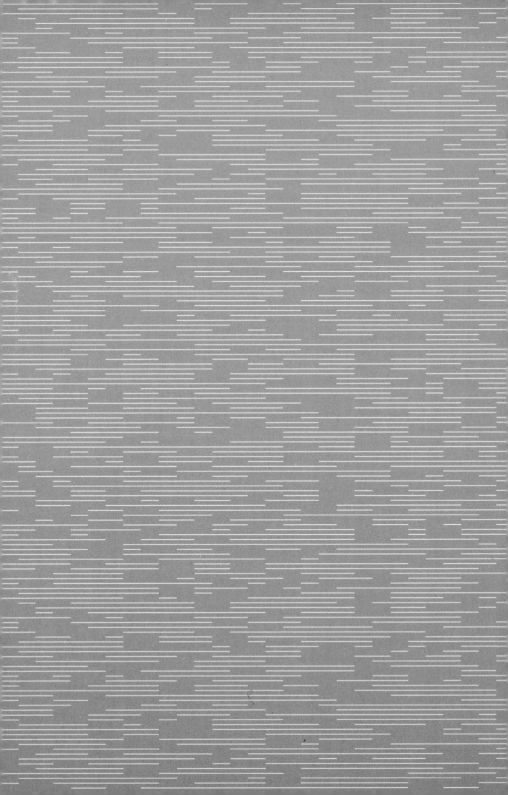

소떡소떡
큐레이션

━ 필자는 고속도로 휴게소 음식을 즐기지 않는다. 보통은 주린 배를 채우기 위해 억지로 먹는다. 우동은 면이 떡처럼 붙어 있다. 다 먹을 때까지도 풀어지지 않는다. 육수는 밍밍하다. 고춧가루 맛으로 먹었던 우동이 기억 속의 휴게소 음식이다. 고속도로에 있다는 것은 멀리 간다는 것을 전제한다. 멀리 간 김에 그 지방 음식을 먹는다. 국도를 지나다가, 차가 많이 주차된 식당에 들어간다. 어딜 가든 기본은 한다. 지역의 특색을 느낄 수도 있다. 필자에게 휴게소는 화장실만 잠깐 다녀오는 곳이다.

지방에 갈 일이 있었다. 충남 공주의 정안 휴게소에 잠깐 들렀다. 여느 때처럼 화장실에서 일만 보고 나왔다. 바람을 쐬며 서성이고

있는데, 일행이 불렀다. 손에 꼬치 하나를 들고 있었다. "휴게소에서
는 소떡소떡을 꼭 먹어봐야 한대요. TV에서 이영자가 믿고 먹는 거
라며 꼭 먹어보라고 하는데 정말 맛있어 보이더라고요." 겉모습은
어렸을 때 먹었던 떡꼬치의 대형 버전, 떡-소시지-떡-소시지의 배
열이었다. 한 입 권하기에 염치 불고하고 먹어보았다. 딱 필자가 알
던 그 맛이다. 떡과 소시지를 튀겨서 케첩과 고추장을 섞어 만든 소
스를 발랐다. 맛이 없을 수 없었다.

 돌아오는 길에 기사를 찾아보았다. TV 방송 이후 휴게소 음식이
엄청나게 팔린다고 한다. 만남의광장에서 판매하는 말죽거리 국밥
의 경우, 방송 전 주말에는 142그릇이 팔렸는데 방송 후 주말에는
582그릇이나 팔렸단다. 소떡소떡은 방송 전 주말에 66개를 판매했
는데 374개로 늘었다. 무려 여섯 배 가까이 매출이 상승했다. 휴게
소를 운영하는 한국도로공사는 이영자 씨에게 감사 인사까지 전했
다고 한다. 이렇듯 평범하던 떡꼬치가 방송을 타면서 '소떡소떡'이
라는 이름으로 부활했다. 이렇게 트렌디한 음식이라고 하니, 한 입
더 준다고 할 때 날름 받아먹어둘 것을… 후회했다.

소떡소떡은 큐레이션이다

옥스퍼드 브룩스 국제 센터 연구원인 마이클 바스카는 저서 『큐레
이션』(예문아카이브, 2016)을 통해 큐레이션을 다음과 같이 정의했
다. "오늘날 우리는 너무 많은 '선택'에 지쳐 있다. 이른바 '과잉 사

회'에 진입한 지금, 큐레이션은 '불필요한 것들을 과감히 덜어내는' 힘이자, '선별과 배치를 통해 시장이 원하는 것만 가려내는' 기술이다. 큐레이션은 미술관이나 박물관에서 사용되는 의미를 넘어서서, 패션과 인터넷을 비롯해 금융·유통·여행·음악 등 모든 분야에 영향을 미치는 새로운 트렌드다."

홍수가 나면 정작 마실 물은 없다. 정보는 많아졌지만 나에게 필요한 정보는 찾기 힘들다. 나와 상관없는 정보가 내 선택을 방해한다. 정보 과잉 시대는 '선택'이라는 과제를 남겼다. '선택 장애'를 호소하는 사람들도 늘고 있다. 매일매일 점심 메뉴를 정하지 못해, 가위바위보를 해서 진 사람이 정한다. 점심 메뉴를 정해주는 모바일 앱까지 등장했다.

미술 분야에서 주로 쓰이던 '큐레이션'이라는 개념이 모든 분야에 걸쳐 필요하게 됐다. 선택을 돕고, 선택까지 대신 해준다. 큐레이션의 권위를 더하기 위해 큐레이터들은 본인의 리스트에 새로운 가치와 스토리를 부여한다. 이런 추세 속에 최근의 큐레이션은 단순히 덜어내는 것에 그치지 않는다. 선별과 배치를 통해 가치를 창출한다. 기존에 아무도 알아보지 못했던 새로운 가치를 발견한다. 재야에 묻혀 있던 고수를 발견하고, 진흙 속의 진주를 찾아낸다.

"내가 그의 이름을 불러주기 전에는/ 그는 다만/ 하나의 몸짓에 지나지 않았다.// 내가 그의 이름을 불러주었을 때/ 그는 나에게로 와서/ 꽃이 되었다."(김춘수, 「꽃」) 우리는 이미 학창 시절 국어시간에 큐레이션의 의미를 배웠다. 하나의 몸짓에 지나지 않았지만 이름을 불러주자 꽃이 되었다. 소떡소떡은 '큐레이션'이다. 누구나 아는 그 음식에, 이영자 씨가 새로운 생명을 불어넣은 것이다.

▎소극적 큐레이션과 적극적 큐레이션

출판계에서 큐레이션은 생소한 개념이 아니다. 많은 영역에서 큐레이션을 활용한다. 큐레이션은 적극성의 정도에 따라 적극적 큐레이션과 소극적 큐레이션으로 나누어볼 수 있다. 가장 대표적인 소극적 큐레이션은 '추천사'다. 저명한 작가나 학자, 평론가, 혹은 연예인이나 전문가 들이 '이 책은 이런 내용을 담고 있고요. 제가 보증합니다. 한 번 읽어보세요'라는 내용으로 큐레이션한다. 추천하는 사람의 권위와 배경이 큐레이션을 담보한다. 또 다른 소극적 큐레이션은 북 리뷰, 독후감 등이다. 책을 사라고, 읽어보라고 강력하게 얘기하지는 않지만 책의 가치를 전달하면서 간접적으로 책을 소개한다. 내용 중심의 큐레이션이다.

적극적 큐레이션은 보통 서점에서 이루어진다. 서점은 책 판매가 가장 중요하다. 최대한 다양한 메시지를 전달해 책의 구매를 유도한다. 서점의 고전적인 큐레이션은 신간과 베스트셀러 위주로 배치하는 방식이다. '상대적으로 새로운 지식' '남들이 보증한 책' 등의 메시지를 준다. 최근에는 트렌드를 반영한 다양한 큐레이션이 이루어진다. 독립서점을 중심으로 '큐레이션 서점'이라는 말도 생겨났

콘텐츠 플랫폼 마케팅

다. 서울 성북동에 위치한 서점 '부쿠'는 주로 잡지를 큐레이션한다. 부쿠의 대표는 〈중앙일보〉와의 인터뷰(2018년 4월 18일자)에서 "개인의 취향과 그에 맞는 라이프 스타일을 즐기는 사람들이 오는 큐레이션 서점에 어울리도록 '독립 매거진' 위주로 선별하고 있다. 사진이나 표지 편집이 다각적이고, 광고 없이 깊이 있는 콘텐츠를 다룬다는 공통점이 있다. 독자들의 호응도 좋은 편이다. 부쿠 전체 매출의 약 10%를 독립 매거진이 담당한다"고 전했다.

서점이 새로운 라이프 스타일을 제시하는 '큐레이션 매장'으로 진화하고 있다. 시초는 일본의 '츠타야 서점'이다. 출판 왕국 일본을 덮친 초유의 불황에도 자신만의 길을 걸으며 무섭게 성장하고 있는 거의 유일한 서점이다. 2012년 일본 서점업계의 간판인 기노쿠니야를 누르고 연간 서적 판매고 1위에 올랐다. 츠타야 서점에는 책이 단순하게 진열되어 있지 않다. 하나의 주제를 중심으로 다양한 사용자 경험을 제공한다. 요리를 예로 들면, 요리와 관련된 책을 진열하고, 요리 도구도 함께 판매한다. 요리 클래스 수강권도 함께 진열해서 직접 체험해볼 수 있게 한다. 요리와 관련된 모든 것을 큐레이션하는 셈이다. 요리, 자동차, 캠핑, 아트, 건축 등 다양한 분야의 테마를 정해 큐레이션한다. 책만 보는 것이 아닌, 해당 테마에 대한 방대한 지식과 경험을 쌓을 수 있도록 돕는다. 신간과 베스트셀러만이 아닌 독자의 취향을 저격할 수 있는 장치들을 배치한다. '당신의 취향을 팝니다'라는 새로운 패러다임을 제시한다. 큐레이션 자체가 하나의 콘텐츠인 셈이다.

| 플랫폼이 책의 이름을 부르면

플랫폼에서도 큐레이션이 가능하다. 대부분 적극적이다. 어떤 책을 읽어야 할지 고민하는 사람들을 위해 책을 소개하고, 직접 보내주기까지 한다.

'지식큐레이터 전병근의 북클럽 오리진'은 일간지에서 문화 분야를 오랫동안 취재해왔던 전직 기자가 진행한 스토리펀딩 프로젝트다. 책에 대한 다양한 지식과 경험을 바탕으로 현시점에 읽을 만한 책을 추천해준다. 멤버십 회원제로 진행됐다. 월 1만 5,000원의 회비로 멤버십 회원만 볼 수 있는 신간 소식을 제공하고, 오프라인 책 모임도 진행했다. 프로젝트는 '오바마'를 테마로 큐레이션했다. '대통령에서 물러났으나 미래가 더 기대되는 인물'로 인간 오바마를 소개하고, 오바마를 자라게 한 책과 그가 추천하는 도서를 소개했다. 오바마와 직간접적으로 관련된 책 이야기도 전했다. 오바마를 제대로 알고 싶은 사람에게 적극적으로 해당 책을 읽어보라고 권했다.

'그래도 우리는 헌책방한다' 프로젝트는 헌책방 주인장들이 직접 큐레이션한 책을 전달한다. 2만 원을 내면 큐레이션된 책을 받아 볼 수 있다. 독자는 어떤 책을 받아 볼지 모른다. 이 큐레이션 서비스에는 '설레어함'이라는 이름을 붙였다. 이 프로젝트는 대학교 봉사 동아리가 진행했다. 1959년부터 반세기 넘게 이어지고 있는 청계천

스토리펀딩 프로젝트 '지식큐레이터
전병근의 북클럽 오리진'

스토리펀딩 프로젝트 '그래도 우리는
헌책방한다'

헌책방 거리는 심각한 경제적 어려움에 처해 있다. 지역 상생과 고유한 역사를 보존한다는 목적으로 프로젝트가 시작됐다.

대학생들은 헌책방의 책을 20대의 젊은 감성으로 패키징했다. 큐레이션은 헌책방 주인장들의 경험과 노하우를 활용했다. 대학생의 감각과 사장님의 경험은 헌책에 새로운 생명을 불어넣었다. 그 결과 500만 원이 넘는 금액을 펀딩받았다. 오프라인에서만 만나볼 수 있는 헌책방을 온라인 플랫폼으로 끌어낸 의미 있는 프로젝트다.

이영자 씨가 '소떡소떡'의 이름을 불러주기 전까지 그 가치를 아는 사람은 많지 않았던 것처럼, 큐레이션은 먼지 쌓인 헌책을 살려낸다. 아무도 알아보지 못했던 숨겨진 좋은 책을 찾아낸다. 플랫폼은 그 책의 이름을 불러줄 것이다.

작가와 독자 사이에서
우리는 좀 빠져요

━━ 낄 때 끼고 빠질 때 빠지는 것은 참 어렵다. 아무리 눈치 빠른 사람도 낄끼빠빠를 제대로 하기란 쉽지 않다. 얼마나 어려우면 '낄끼빠빠'*라는 신조어까지 생겨났을까? 플랫폼 운영자는 항상 낄끼빠빠를 고민한다. 좀 더 어려운 말로 표현하면 '개입 정도'라 할 수 있다. 언제 끼어야 할지, 언제 빠져야 할지를 알아야 플랫폼이 원활하게 운영된다. 개입 정도를 낮추는 것은 플랫폼 운영자의 숙원이다. 플랫폼 사업에는 끊임없는 리소스 조정 과정이 필요하다. 제조업은 초기 생산 라인을 갖추기까지 큰 비용이 들지만, 이후 같은 비용이

• '낄 때 끼고 빠질 때 빠져라'를 줄여 이르는 말로, 모임이나 대화 따위에 눈치껏 끼어들거나 빠지라는 뜻으로 하는 말

계속해서 드는 구조가 아니다. 진입 비용은 높지만, 운영 비용은 낮다. 플랫폼 산업은 설비를 갖출 필요가 없다. 전체 비용 중 플랫폼을 구축하고 운영할 '사람'에 대한 비용의 비중이 가장 크다. 진입 비용은 낮지만 운영 비용이 높다.

플랫폼 운영자 입장에서는 미들맨(중개인)을 적게 두고 싶다. 크게 손대지 않아도 알아서 잘 돌아가는 시스템, 플랫폼 운영자라면 누구나 꿈꾸는 이상적인 구조다. 미들맨을 최소화하면서 최대 효과를 내는 플랫폼을 꿈꾼다. 2018년 대한민국을 뜨겁게 달구었던 키워드 '블록체인blockchain'도 이런 플랫폼 운영자의 욕망과 무관하지 않다. 블록체인의 핵심 가치는 '탈중앙화'다. 중앙화된 플랫폼은 미들맨의 역할이 크다. 수많은 콘텐츠 중 양질의 콘텐츠를 선별해 배치하는 역할, 어떤 유형의 콘텐츠에 가중치를 부여할지 판단하는 역할, 어떤 콘텐츠가 플랫폼 생태계에 기여할지 정의하는 역할 등을 한다. 미들맨은 플랫폼이 건강하게 유지될 수 있도록 많은 장치를 만든다.

블록체인 플랫폼은 미들맨의 역할을 사용자들이 상당 부분 대신하는 모델이다. 사용자들이 플랫폼 생태계에 도움이 되는 액션을 스스로 취하고, 플랫폼은 이 액션에 대한 보상을 한다. 사용자들은 플랫폼에 도움이 되는 일을 자발적으로 찾아서 한다. 그러나 현실은 녹록하지 않다. 미들맨이 크게 개입하지 않고 돌아가는 시스템을 만들었다 싶으면 언제나 어뷰저(남용자, 악용자)가 등장한다. 좋

콘텐츠 플랫폼 마케팅

은 콘텐츠가 보상받는 시스템을 구축하면, 이 시스템의 허점을 파고들어 좋지 않은 콘텐츠에도 보상이 돌아가게 한다. 어뷰저가 조직적으로 움직인다면 생태계에 전혀 기여를 하지 않는 액션에도 보상이 돌아간다. 블록체인 기반의 시스템을 구축할 때도, 어뷰저를 막는 정책이 시스템 설계에서 큰 비중을 차지한다.

'플랫폼의 근본적인 가치에 집중하고, 진심으로 사용자들에게 다가가면 플랫폼의 가치는 스스로 올라갈 것'이라는 성선설 기반의 가설도 물론 중요하다. 주객이 전도되면 안 되고, 빈대 잡으려고 초가삼간 태우는 우를 범하지 말아야 하겠지만, 많은 콘텐츠 플랫폼이 수준 낮은 콘텐츠를 생산하는 어뷰저 때문에 문을 닫는다. 이는 생각보다 심각한 문제다.

| 참여 콘텐츠는 어뷰저를 막는 효과적인 방법

스토리펀딩은 질 높은 콘텐츠에 펀딩하고 끝나는 일방적 관계가 아니다. 후원자와 창작자의 소통을 통해 후원자들이 참여할 수 있다는 점에서도 의미를 가진다. 스토리펀딩은 총 후원자가 약 42만 명인데, 펀딩 참여 건수는 84만 건이다. 많은 후원자가 여러 번 참여한다. 단계별로는 '창작자와 독자를 연결 → 독자의 개념을 후원자로 정의 → 콘텐츠를 공개하고 마음에 들면 후원'의 흐름으로 설계했다. 수동적으로 글을 읽기만 하던 독자는 창작자를 직접 후원하는 역할까지 하게 됐다. 이후에는 창작자를 직접 발굴하고 함께 키위나가는 '육성자'로 활동 범위가 넓어졌다.

독자의 펀딩 참여는 '어뷰저'를 막는 효과적인 방법 중 하나다. 콘텐츠에 일정 금액을 지불했기 때문에 콘텐츠와 창작자에 대한 책임감이 생긴다. 그러니 콘텐츠가 널리 퍼져나갈 수 있도록 돕는다. 내가 펀딩한 창작자가 좋은 콘텐츠를 생산할 수 있도록 응원한다. 내 돈이 헛되게 쓰이지 않았음을 스스로 증명하는 행위다. 굳이 돈까지 지불하면서, 생태계에 악영향을 미치는 행위는 하지 않을 것이라는 계산도 깔려 있다.

앞서 블록체인의 핵심 가치는 '탈중앙화'라고 말했다. 이 가치는 미들맨 위주의 불투명한 구조에 대한 비판에서 시작됐다. 기존의 콘텐츠 플랫폼은 생태계에 큰 영향력을 행사하는 미들맨에 권력이 집중되어 있다. 콘텐츠 플랫폼으로 한정해 보면, 창작자건 독자건 미들맨의 마음을 훔치거나, 그들의 계획을 읽어야 한다. 그래야 창작자는 플랫폼에서 얻어갈 수 있는 게 많고, 독자는 영향력을 행사할 수 있다.

크라우드펀딩은 미들맨의 역할을 최소화한다. 가급적 창작자와 독자를 직접 연결해주려고 한다. 운영자는 독자와 창작자가 직접 연결됐을 때 발생하는 불편한 부분을 해소해주는 역할을 주로 한다. 가령 돈을 모아 전달하는 게 어렵기 때문에 간편 결제 기능을 제공한다. 창작자가 독자들을 일일이 만나러 다니기 힘들기 때문에 다양한 채널로 노출될 수 있도록 돕는다. 혹시나 창작자가 돈을 받

콘텐츠 플랫폼 마케팅

고 잠적(흔히 '먹튀')할 수 있기 때문에, 돈을 대신 보관해뒀다가 지급하는 최소한의 안전장치를 제공하는 것 등이다.

펀딩에 참여한 독자는 일종의 '심리적 지분'을 확보한다. 나중에 금전으로 보상되는 물질적 지분은 아니지만, 콘텐츠가 많은 사람에게 읽히고 호응을 얻고, 창작자가 명성을 얻으면, 후원자는 대리 만족한다. 적은 돈이지만 얻을 수 있는 심리적 만족도는 크다. '참여 콘텐츠'는 여기서 큰 역할을 한다. 수동적인 독자들이 능동적으로 참여하며 새로운 콘텐츠 제작에 기여한다. 어뷰저를 막고 생태계가 잘 굴러갈 수 있도록 돕는다. 그렇기에 '창작자만의 콘텐츠'가 아닌 '우리의 콘텐츠'로 새로운 의미가 부여된다.

스토리펀딩은 미들맨의 권한과 역할을 최소화하고 기능 중심으로 접근한다. 일종의 '콘텐츠 직거래'라고 할 수 있다. 이렇게 보면 스토리펀딩이 블록체인을 따라 한 것 같지만, 스토리펀딩은 2014년에 만들어졌고, 우리는 그때 블록체인을 몰랐다. 사실 지금도 잘 모른다.

▮ 블록체인과 출판 산업은 닮았다

스토리펀딩은 위안부를 소재로 한 영화 〈귀향〉 덕분에 세상에 알려졌다. 〈귀향〉의 개봉과 흥행 성공으로 소수의 마니아만 아는 서비스에서, 대중적인 서비스로 성장했다. 영화 투자와 두레 방식의 제작이 생소한 것은 아니다. 많은 저예산 독립영화가 이 같은 방식으

스토리펀딩 프로젝트 '우리 딸, 이제 집에 가자'

로 제작됐다. 하지만 기존 방식의 투자로는 어렵다고 판단했다. 〈귀향〉은 11년 전부터 투자를 받고 있었고, 총 제작비 11억 원 중 5억 원만 모아둔 상태였다.

이에 "마지막 15분을 함께 만들어주세요"라는 메시지를 만들었다. 단순히 영화 제작비를 후원해달라는 게 아닌, 15분을 함께 만들자고 제안했다. 마지막 15분은 이 영화의 하이라이트다. 핵심 가치를 담고 있는 장면이다. 메시지는 후원자 마음에 동요를 일으켰다. 15분만 더 제작하면 영화가 완성될 수 있다는 '희망'과 영화가 표류하는 11년 동안 나는 무엇을 했을까, 하는 '부채 의식', 마지막 15분을 만드는 데 나도 일조했다는 '만족감' 등이 후원자들이 지갑을 연 결정적 계기가 됐다.

"눈물이 차마 멈춰지지 않습니다. 이런 영화는 역사적으로 남겨야 합니다. 얼마 되지 않는 돈으로 조금이나마 보탬이 되려 합니다. 힘내세요."(후원자의 댓글 중) 후원 첫날에만 2843만 원이 모였다. 당시 하루에 모인 역대 최고 금액이었다. 두 차례에 걸친 펀딩으로 6억 원이 모였다. 그리하여 영화 〈귀향〉은 2016년 2월 무사히 개봉

콘텐츠 플랫폼 마케팅

할 수 있었다. 누적 관객 수 358만 명으로 2016년 박스오피스 17위(역대 148위)에 오르기도 했다.

이 영화의 엔딩 크레디트는 무려 8분이다. 8분간 영화 후원자들의 이름이 흐른다. 후원자 3만 명의 마음이 느껴졌다. 영화의 그 어떤 장면보다 감동이 묵직하게 다가왔다. '이 영화는 혼자 만든 게 아니다. 3만여 명의 마음이 모여서 만들어졌다'고 무색무취의 텍스트가 외치는 것 같았

스토리펀딩 프로젝트 '독자가 엮는 사진집 유민의 땅'

다. 참여 콘텐츠의 힘을 느낄 수 있는 장면이었다. 창작자와 후원자의 끈끈한 연대 속에 미들맨인 플랫폼 운영자가 낄 자리는 없어 보였다.

참여 콘텐츠는 묵직한 프로젝트만 있는 게 아니다. 독자들은 다양한 프로젝트에 참여하고 있고 목소리를 내고 있다. 좋은 콘텐츠를 만들고 창작자를 응원하는 데 기여하고 있다. 참여하는 마음에 무겁고 가벼움은 없다. '독자가 엮는 사진집 유민의 땅' 프로젝트는 이름부터 '독자가 엮는'이다. 편집자 역할을 독자에게 맡겼다. 성남훈 다큐멘터리 사진작가는 세계 여러 지역 난민의 모습을 사진으로 담았다. 이를 묶어 사진집으로 출간하겠다는 계획을 밝혔다. 그

결과 1000만 원이 넘는 펀딩을 받으며 목표했던 500만 원을 뛰어넘어 두 배 이상의 성과를 거뒀다. 그리고 책이 무사히 출간됐다. 후원자에게는 작가의 사인이 담긴 책을 증정했으며, 사진집에 후원자의 이름을 기재했다. 작가와의 만남을 진행해 독자와의 접점을 넓혔다.

지금, 여기의 출판 산업은 독자들이 참여할 판을 깔아주는 게 무엇보다 중요하다. 독자는 다양한 콘텐츠에 참여하고 싶어 하지만, 현실적으로 참여할 수 있는 것은 작가와의 대화 정도에 참석해 사인만 받는 수준에 그친다. 책이 나온 후에야 참여의 기회가 주어진다. 그 시점을 조금 앞당겨보면 어떨까? 출판사가 편집자, 기획자, 마케터 등 미들맨의 역할을 독자에게 조금씩 넘겨주며 콘텐츠 제작과 확산에 적극적으로 참여시킨다면 독자의 만족도는 더욱 높아질 것이다.

현재 많은 출판사에서 진행하는 서평 이벤트는 마케터의 역할을 독자에게 부여한 사례다. 독자와 출판사가 서로 윈윈할 수 있는 구조다. 블록체인 콘텐츠 플랫폼으로 유명한 '스팀잇'*은 업보팅(좋아요)과 리스팀(공유)이 가장 중요한 보상 시스템이다. 업보팅, 리스팀과 서평 이벤트는 콘텐츠의 가치를 독자가 먼저 알아채고 스스로 퍼트린다는 점에서 닮았다. 출판 산업과 블록체인이 잘 어울리는 이유이기도 하다. 독자가 적극적으로 콘텐츠 생태계에 참여해, 운

• https://steemit.com/

콘텐츠 플랫폼 마케팅

영자가 빠져야 할 때 빠질 수 있는 환경을 독자 스스로 만든다면, 콘텐츠 생태계는 지금보다 더 나아질 것이다.

성공하는 크라우드펀딩
콘텐츠는 따로 있다*

── 숫자는 정직하다. 때로는 잔인하다. 현실을 있는 그대로 보여준다. 출판 시장은 끝없는 불황에 빠졌다. 한국출판문화산업진흥원의 '2017 출판산업 실태조사'에 따르면 출판 시장 규모는 2013년 8조 원, 2014년 7.9조 원, 2015년 7.6조 원으로 감소 추세다. 2016년에는 7.7조 원으로 소폭 늘었지만, 2013년 수준에 비하면 한참 못 미친다. 같은 기관의 「출판산업 동향 보고서」에 따르면 출판사 수는 2013년 4만 4,148곳에서 2016년 5만 3,574곳으로 늘었다. 해마다 3,000곳 정도가 늘어난 셈이다. 특히나, 연간 1~5종의 책을 발

---

* 해당 글은 필자의 2019년 카이스트 석사 논문 「크라우드펀딩을 활용한 출판 미래전략 연구」를 재구성했다.

콘텐츠 플랫폼 마케팅

간하는 출판사의 경우 2013년 3,730곳에서 2016년 4,938곳으로 무려 1,200여 곳이 폭발적으로 증가했다. 발행 종수가 적다는 것은 출판사의 규모가 작다는 것을 의미한다. 대부분 1인 출판 형태라는 얘기다. 역설적이게도 출판 시장의 불황이 1인 출판의 증가에 영향을 미쳤다. 기존의 출판사에서 일하던 인력들이 새롭게 회사를 차리는 일이 많아졌다. 초기 자본금이 많이 필요하지 않아 진입 장벽이 낮은 점도 출판사 수의 증가 이유다.●

　이런 상황에서 출판 크라우드펀딩이 주목받고 있다. 책을 내고 싶지만, 자금과 인력이 부족할 때 작가와 출판사가 직접 펀딩을 받을 수 있다. 그동안은 독립출판 영역에서 크라우드펀딩을 통한 출판이 주로 이루어졌다. 하지만 최근에는 베스트셀러를 만들어내며, 불황이 장기화된 출판 시장의 새로운 대안으로 떠오르고 있다.

▎크라우드펀딩은 출판 시장 불황의 해결책이 될 수 있나

텀블벅은 출판 크라우드펀딩 시장에서는 독보적이다. 타 크라우드펀딩에 비해 월등히 많은 수의 출판 프로젝트가 진행되고 있다. 텀블벅은 펀딩 금액이 가파르게 성장하고 있다. 최근 언론 인터뷰에서 텀블벅은 창업 6년 만인 2017년 8월, 누적 펀딩액 200억 원을 돌파한 이후 성장세가 가팔라져 2018년 2월, 300억 원을 달성했

●〈동아일보〉, 2018년 5월 15일자, 「너도나도 1인 출판 성공까지는 좁은 문」, https://news.v.daum.net/v/20180515030216346

텀블벅 프로젝트 '우리가 몰랐던 한국의 환타지 '동이귀괴물집'"●

텀블벅 프로젝트 '전세계 악마들 총집합, 마물들을 모아놓은 '검은사전'"●●

● https://tumblbug.com/thekooh04

●● https://tumblbug.com/blackdictionary

콘텐츠 플랫폼 마케팅

고, 최근에는 450억 원으로 뛰었다고 밝혔다. 텀블벅은 영화, 음악, 미술, 출판, 건축, 디자인, 게임 등 다양한 분야의 창작자를 위한 크라우드펀딩 플랫폼으로 2011년에 오픈했다. 창작자들은 텀블벅을 통해 자신의 프로젝트를 알리고, 후원을 받을 수 있다. 매일 텀블벅 플랫폼에 활성화돼 있는 펀딩 프로젝트는 평균 600건 정도이며, 하루에 70건 정도의 새로운 프로젝트가 올라오고 있다.

2018년 출판계 최고 화제작이자 베스트셀러인 백세희 작가의 『죽고 싶지만 떡볶이는 먹고 싶어』(흔)는 '텀블벅'을 통해 출간했다. 2018년 2월 500부를 찍으려고 모금을 시작한 펀딩에 2000만 원이 넘는 돈이 몰렸다. 이후 2,000부를 찍었고, 출판사에서 정식 출간될 때에도 한 번 더 모금을 해 1200만 원이 넘는 돈을 모았다. 단일 프로젝트에 1억 원이 넘는 사례도 나오고 있다. 창작자 물고기머리가 진행한 '우리가 몰랐던 한국의 환타지 '동이귀괴물집'' 프로젝트는 1억 4500만 원이나 펀딩받았다. 약 9,000부 정도를 선 판매한 셈이다. 같은 창작자가 진행한 '전세계 악마들 총집합, 마물들을 모아놓은 '검은사전'' 프로젝트도 1억 원을 넘긴 1억 4000만 원을 모았다. 2018년에만 3억 원 가까운 돈을 펀딩받았다. 스타 작가 못지않은 판매고를 올리고 있다.

크라우드펀딩의 등장으로 출판 시장의 주류와 비주류의 경계가 무너지고 있다. 독립출판이 베스트셀러가 되고 있다. 인터넷 서점에서 책을 주문하면 하루 만에 받을 수 있는 세상이다. 한두 달, 길게는 세 달 이상 기다려야 받을 수 있는 크라우드펀딩 플랫폼에서 책을 찾는 이유는 뭘까? 출판사 불황 속에 소규모 출판이 늘고 있다. 크라우드펀딩은 초기 비용이 많이 들지 않아 자본과 인력이 부족한 소규모 출판사에 적합한 모델이다. 수요를 예측해 제작하는 선주문 형태로 출판사들이 쉽게 접근할 수 있다. 출판 시장 불황의 해결책으로 크라우드펀딩 방식의 책 제작이 하나의 대안이 될 수도 있을까? 그것을 알기 위해 텀블벅이 품고 있는 숫자가 궁금해졌다.

▎텀블벅에서 목표 금액을 달성한 출판 프로젝트

2018년 텀블벅에서 진행한 출판 프로젝트를 분석했다. 카테고리, 창작자 유형, 목표 금액, 후원자 수, 총 후원 금액, 목표 금액, 성공 여부 등을 알아봤다. 분석 대상은 2018년 1월부터 10월까지 진행된 출판 프로젝트 중, 마감이 완료된 367건다. 창작자의 사정으로 중단한 프로젝트는 제외했다. 367건 중 283건은 성공했고, 84건은 실패했다. 성공률은 77%다. 368건의 총 펀딩 금액은 약 22억 4000만 원이다. 프로젝트당 610만 원에 해당하는 금액이다. 후원자 수는 중복 긴을 포함해 총 8만 8,353명이다. 프로젝트당 약 241명이 후원했다. 평균 목표 달성률은 295%다. 대부분 목표한 금액의 세 배 정도는 펀딩을 받았다는 이야기다. 목표 금액의 평균은 249만 원이다. 많은 프로젝트가 200~300만 원 정도를 목표액으로 삼았다.

카테고리별로 살펴본 텀블벅 출판 프로젝트

카테고리	전체		성공		실패	
논픽션	169건	46%	130건	77%	39건	23%
매거진	59건	16%	50건	85%	9건	15%
소설	24건	7%	18건	75%	6건	25%
시집	22건	6%	20건	91%	2건	9%
아트북	63건	17%	49건	78%	14건	22%
어린이책	11건	3%	7건	64%	4건	36%
저널리즘	4건	1%	1건	25%	3건	75%
전자출판	1건	0%	0건	0%	1건	100%
학술	14건	4%	8건	57%	6건	43%

카테고리는 텀블벅에서 분류하고 있는 출판 세부 기준을 참고해 논픽션, 매거진, 소설, 시집, 아트북, 어린이책, 저널리즘, 출판, 학술로 나눴다. 논픽션이 169건으로 가장 많았다. 46%로 절반 정도다. 아트북이 63건, 매거진이 59건으로 뒤를 이었다. 소설, 시집, 학술, 어린이책, 저널리즘, 전자출판 순이다. 저널리즘과 전자출판은 총 5건으로 매우 적다.

카테고리별 펀딩 금액은 프로젝트 수와 비슷하다. 논픽션이 11억 원으로 50% 정도고, 아트북이 4억 원으로 18%다. 매거진과 소설이 그 뒤를 이었다. 소설과 시의 프로젝트 수는 비슷하지만, 펀딩 금액은 소설 2억 원(10%)과 시 0.4억 원(2%)으로 차이가 컸다. 시는 학술 1.5억 원(6%)보다 적었다. 카테고리별 성공률은 시집이 91%로 가장 높았다. 다음으로 매거진이 85%로 뒤를 이었고, 아트북, 논

창작자 유형별로 살펴본 텀블벅 출판 프로젝트

창작자 유형	전체		성공		실패	
창작자 1인	156건	43%	107건	69%	49건	31%
창작자 그룹	66건	18%	58건	88%	8건	12%
출판사	93건	25%	75건	81%	18건	19%
출판사 외 단체	51건	14%	42건	82%	9건	18%

픽션 순이다. 저널리즘, 전자출판은 표본이 적어 성공률에 큰 의미
는 없다. 매거진은 펀딩액 규모가 논픽션 아트북보다 작지만 성공
률은 높다. 시집도 펀딩액 규모는 작지만 성공률은 높은 편이다.

　창작자 유형은 창작자 1인과 창작자 그룹, 출판사와 출판사 외
단체로 나누었다. 개인이 프로젝트에 참여한 경우는 창작자로 분
류했고, 창작자 여러 명이 그룹을 이루면 창작자 그룹, 1인 출판사
는 출판사로 분류했다. 출판사 외 사업자(콘텐츠 사업자 등), 사단법
인, 재단법인 등은 출판사 외 단체로 분류했다. 창작자 1인이 156건
(43%)으로 가장 많았다. 다음으로 출판사가 93건(25%), 창작자 그
룹이 66건(18%), 출판사 외 단체(14%)가 51건으로 뒤를 이었다.

　펀딩액 규모로 보면 출판사가 9.5억 원(42%)으로 가장 높았다.
다음으로 창작자 1인이 7.4억 원(33%), 창작자 그룹이 3.1억 원
(14%), 출판사 외 단체가 2.4억 원(11%)이다. 프로젝트 건수는 창작
자 1인이 43%로 크게 높았지만, 펀딩액은 출판사가 더 높다. 출판
사가 프로젝트 진행 건수는 적지만 펀딩 금액 규모는 더 크다

콘텐츠 플랫폼 마케팅

창작자 유형에 따라 성공률과 실패율이 갈린다. 창작자 1인은 성공률이 70%지만, 출판사와 창작자 그룹은 모두 80% 이상을 기록했다. 개인보다는 출판사와 창작자 그룹의 성공률이 더 높다.

정리하면, 카테고리는 논픽션이 가장 많고, 펀딩액 규모도 크다. 성공률은 다른 카테고리에 비해 약간 떨어지는 편이다. 아트북은 논픽션 다음으로 큰 규모를 자랑한다. 매거진과 시집은 성공률이 높은 편이다. 창작자 유형은 창작자 1인이 참여 건수로는 43%를 차지하며 가장 높지만 성공률은 69%로 상대적으로 떨어진다. 창작자 그룹은 88%, 출판사는 81%로 성공률이 높은 편이다. 출판사는 참여 건수 비중이 25%인데, 후원금 규모는 42%로 가장 높다. 창작자 1인은 33%로 건수에 비해 펀딩액 규모는 작은 편이다. 출판사에 대한 신뢰가 영향을 미쳤다고 볼 수 있다. 출판사도 충분히 크라우드펀딩에 도전해볼 수 있다. 목표 금액은 250만 원 내외로 설정하는 사례가 가장 많았다. 목표 달성률은 100~300%가 가장 많았다. 텀블벅은 100% 이상 목표를 달성해야 후원금이 전달되는 'all or nothing' 방식이다. (반대로 모금된 후원금을 전액 지급하는 'keep it all' 방식이 있다. 스토리펀딩이 이 방식으로 후원금을 지급한다.) 평균 펀딩 금액이 610만 원이니, 필요한 금액보다 30~40% 적게 목표 금액을 정하는 게 방법이 될 수 있겠다.

┃ 숫자로 알아본 펀딩에 성공하는 콘텐츠

실제로 펀딩에 성공하거나 후원금을 많이 받으려면 어떤 장치들이
필요한지 분석했다. 텀블벅의 프로젝트 게시글의 특성을 조사해 성
공한 펀딩의 특징과, 이런 특성들이 펀딩 금액, 성공 여부에 어떤 영
향을 미치는지 알아봤다. 텀블벅이 사이트상에 제공하는 내용을 기
반으로 수치화할 수 있는 부분을 데이터로 만들었다.

크게 보상의 정보(보상 수, 유형, 무형), 제안사와 후원자의 상호작
용(댓글 수) 제안자의 정보(기 진행 프로젝트, 포트폴리오), 게시물의
정보(사진, 영상)으로 나누었다. 보상 수는 텀블벅 프로젝트에 게시
된 리워드의 수를 수집했다. 크라우드펀딩은 다양한 조합으로 리워
드를 제공한다. 유형의 보상은 책을 포함한 책갈피, 엽서, 머그컵 등
책과 관련된 굿즈까지 포함한다. 무형의 보상은 후원자 이름 기재,
작가와의 만남 초대, 컨퍼런스 참여 기회 제공 등 형태가 없는 보상
형태다. 해당 보상이 있는지 여부를 파악하여, 보상을 제공하는 경
우는 '1'로, 제공하지 않는 경우는 '0'으로 데이터화했다.

제안자와 후원자의 상호작용이 후원에 영향을 미치는지 조사하
기 위해 제안자의 댓글 참여를 조사했다. 후원자와 제안자가 소통
할 수 있는 공간인 '커뮤니티'에서 제안자가 작성한 댓글 수를 수집
했다. 커뮤니티 공간에 후원자의 댓글도 있으나 유형을 분석해보니
'응원합니다' 등의 플랫폼에서 제공하는 자동 댓글, '리워드를 빨리
배송해달라'는 등의 항의 댓글의 빈도가 잦아 분석에서 제외했다.

텀블벅 출판 프로젝트 성공에 영향을 미치는 여러 가지 요인

구분	전체	성공	실패	후원액 상위 50%
후원액	6,105,696원	7,745,242원	581,986원	23,952,319원
후원자 수	241명	305명	25명	938명
목표 금액	2,486,464원	2,339,002원	2,983,271원	4,418,191원
목표 달성률	295%	376%	24%	930%
보상 수	6.19개	6.49개	5.15개	6.70개
유형 보상 여부	89	94	70	93
무형 보상 여부	14	15	11	16
제안자 댓글 수	4.38개	5.43개	0.87개	8.98개
기 프로젝트 수	0.86건	0.99건	0.43건	1.65건
포트폴리오 여부	55%	58%	45%	57%
사진 수	13.28	14.25	9.99	15.33
영상 여부	19	21	11	17

크라우드펀딩은 불특정 다수에게 펀딩을 받아야 하기 때문에, 펀딩 제안자가 누구인지를 밝히는 과정이 중요하다. 과거의 펀딩 프로젝트 수행 경험이 후원에 영향을 미치는지 알아보기 위해 해당 플랫폼에서 기존에 진행했던 프로젝트 수를 수집했다. 제안자가 어떤 사람인지 알아볼 수 있는 제안자의 SNS 계정 링크, 홈페이지 링크 등 포트폴리오를 게시했는지 여부를 파악하여, 정보를 제공하는 경우는 '1'로, 정보를 제공하지 않는 경우는 '0'으로 데이터화했다.

게시물에는 다양한 시각적 요소가 포함된다. 사진과 영상이 후원에 영향을 미치는지 알아보기 위해 사진의 개수와 영상이 있는지 여부를 조사했다. 게시물에 첨부된 사진의 개수를 수집했다. 영상은 제공 여부를 파악하여, 영상을 제공하는 경우는 '1'로, 제공하지 않는 경우는 '0'으로 데이터화했다.

텀블벅은 목표를 달성해야 돈을 받을 수 있기 때문에 텀블벅은 목표 금액을 가급적 보수적으로 잡는다. 보상 수는 전체 6.19개, 성공 프로젝트 6.49개, 실패 프로젝트 5.15개, 상위 50% 프로젝트 6.70개로 차이를 보였다. 실패와 성공 프로젝트는 1.3개 정도의 차이가 있다. 6~7개의 리워드 구성이 평균치라고 볼 수 있다.

유형 보상 여부는 전체 84%, 성공 프로젝트 94%, 실패 프로젝트 70%, 상위 50% 프로젝트 93%로 매우 높은 비율로 유형의 보상을 제공했다. 성공한 프로젝트는 94%로 거의 모든 프로젝트가 유형의 보상을 제공했다. 무형 보상 여부는 전체 14%, 성공 프로젝트 15%, 실패 프로젝트 11%, 상위 50% 프로젝트 16%로 낮은 수준으로 제공했다. 무형의 보상을 구성하는 경우는 많지 않다는 것을 알 수 있다.

제안자의 댓글 수는 전체 4.38개, 성공 프로젝트 5.43개, 실패 프로젝트 0.87개, 상위 50% 프로젝트 8.98개로 성공, 실패, 상위 50% 간에 큰 차이를 보였다. 댓글은 펀딩의 성패에 많은 영향을 미친다고 추정해볼 수 있다.

기 프로젝트 수는 전체 0.86개, 성공 프로젝트 0.99개, 실패 프로젝트 0.43개, 상위 50% 프로젝트 1.65개로 차이를 보였다. 성공, 상위 50%로 갈수록 기 프로젝트 수가 많다는 것을 확인할 수 있다.

포트폴리오 여부는 전체 55%, 성공 프로젝트 58%, 실패 프로젝트 45%, 상위 50% 프로젝트 57%로, 50% 내외의 비율을 보였다.

사진 수는 전체 13.28개, 성공 프로젝트 14.25개, 실패 프로젝트 9.99개, 상위 50% 프로젝트 15.33개로, 상위 50% 프로젝트가 가장 많은 사진을 게재한 것으로 나타났다. 사진 수도 성공, 상위 50%로 갈수록 기 프로젝트 수가 많다는 것을 확인할 수 있다.

영상 여부는 전체 19%, 성공 프로젝트 21%, 실패 프로젝트 11%, 상위 50% 프로젝트 17%로, 성공한 프로젝트는 20% 내외로 영상을 공개하는 비율을 보였다. 영상을 제작하는 경우는 많지 않았다. 텍스트 콘텐츠 중심의 출판 크라우드펀딩은 영상을 활용하는 비중이 높지 않다는 것을 보여준다.

이를 종합해 텀블벅 성공 프로젝트의 보상 수는 약 6.5개이며, 유형의 보상은 94%의 프로젝트에서 제공했다. 무형 보상은 15%에서만 제공했으며, 제안자의 댓글 수는 5.4개다. 기존 진행 프로젝트 수는 평균 1개였으며 포트폴리오는 58%가 제공했다. 사진의 수는 14.3개, 영상은 21%만 제공했다. 이런 수치들은 텀블벅 프로젝트 개설시 참고 자료로 삼을 수 있다.

▌독자의 취향에 따라 움직이는 크라우드펀딩 플랫폼

한스미디어가 진행한 '한복 자료집 〈흑요석이 그리는 한복 이야기〉' 프로젝트는 출판사 크라우드펀딩의 좋은 사례다. 무려 1억 8000만 원이 넘는 돈을 펀딩받았다. 9,029%로 목표액을 달성했고, 7,742명의 후원자가 참여했다.

텀블벅 프로젝트 '한복 자료집 〈흑요석이 그리는 한복 이야기〉'•

창작자 플랫폼 네이버 그라폴리오의 인기 작가 흑요석의 '흑요석이 그리는
한복 이야기' 페이지••

• https://www.tumblbug.com/hanbokillustration

•• https://www.grafolio.com/story/16692

콘텐츠 플랫폼 마케팅

이 프로젝트는 정공법을 택했다. 텀블벅의 인기 카테고리인 아트북 형태로 진행했고, 백서 형태로 제작했다. 네이버 그라폴리오의 인기 작가가 프로젝트에 참여해 기존의 팬들로부터 초기 펀딩을 받았다. 초기 붐업이 잘 이루어졌고 대규모 펀딩의 마중물이 됐다. 그라폴리오는 '창작자들의 놀이터'를 표방하는 일러스트 작가 중심의 창작자 플랫폼이다. 흑요석 작가는 그라폴리오에서 전체 조회수 140만 회에 달할 정도로 인기 많은 작가다.

또한 작가와 콘텐츠의 전문성을 내세웠다. 기존의 콘텐츠들이 우리나라의 한복을 정확하게 표현하지 못한다는 점에서 착안했다. 수많은 문헌을 조사하고 국내 여러 박물관에 소장된 자료를 참고해 최대한 정확하게 묘사했다. 기존에 발행된 콘텐츠의 통점^{pain point}(고객의 불편한 부분)를 발견하고 이를 해결하기 위한 목적으로 프로젝트를 시작했다는 명분이 독자의 주머니를 여는 데 큰 기여를 했다.

커뮤니티에 22개의 글을 남기며 프로젝트의 진행 소식을 꾸준히 알린 점, 초기 선착순 100명에게 사인본을 제공한 점도 펀딩 성공의 요인이다. 독자와의 강력한 커뮤니케이션으로 접점을 강화했다. 크라우드펀딩 플랫폼을 단순한 자금 조달 목적이 아닌 책의 마케팅 툴로 사용한 점 또한 눈여겨볼 만하다.

요다 출판사에서 진행한 '나만의 판타지 세계 만들기 〈판타지 유니버스 창작 가이드〉' 프로젝트도 좋은 사례다. 1,785명에게 약 9663만 원의 펀딩을 받았다. 500만 원을 목표로 했고 목표액의

텀블벅 프로젝트 '나만의 판타지 세계 만들기 〈판타지 유니버스 창작 가이드〉'●

1,932%를 달성했다.

성공의 원칙을 잘 따랐다. 이미지는 15개로 성공 프로젝트의 평균치인 14.25개와 후원액 상위 50%의 평균치인 15.33개에 근접했다. 제안자의 댓글 수는 8개로 후원액 상위 50%의 평균치인 8.89개와 비슷했다. 후원자 1인당 54,000원의 펀딩을 받았다. 이 책은 1권당 가격이 4만 원이다. 하지만 다양한 리워드를 적절히 구성해 평균 펀딩 금액을 높였다. 리워드의 복합 구성으로 1인당 단가를 높인 전략이 잘 통했다.

『판타지 유니버스 창작 가이드』는 소설, 영화, 만화, 게임 속 판타지 세계를 내 손으로 만들어보고 싶은 사람들을 위한 책이다. '판타

● https://www.tumblbug.com/fantasyguide

지 세계관' 만드는 방법을 백서와 같은 형식으로 풀어냈다. 백서 형태는 크라우드펀딩에서 매우 성공 가능성이 높다. 앞서 언급한 '동이귀괴물집'과 '한복 이야기'도 백서 형태의 책이다.

마이크로 타기팅micro target(목표 고객의 범위를 좁히는 방식)도 잘 됐다. 예상 독자의 풀을 '판타지에 관심 있는 사람' 그중에서도 '직접 세계관을 만들어보고 싶은 사람'으로 한정했다. 보통 타깃은 연령, 성별, 지역 등 인구 통계학적 지표로 설정하고는 한다. 마이크로 타기팅 전략의 성공 가능성을 높이려면 타깃의 상황situation 설정을 구체적으로 하는 게 좋다. '어떤 상황에 처한 사람들이 이 책을 읽을 까?'에 대한 상상을 최대한 구체적으로 하는 방식이다. 『판타지 유니버스 창작 가이드』는 구체적 상황 설정이 잘 된 사례다.

카테고리를 출판이 아닌 TRPG 게임 영역으로 설정한 점도 특이하다. 책에 관심 있는 사람보다는 게임에 관심 있는 사람들을 주요 타깃으로 설정했다. 크라우드펀딩은 강력한 취향을 기반으로 움직이는 플랫폼이다. 전통의 카테고리를 고수하기보다는, 비슷한 취향의 사람끼리 모여 있는 카테고리를 공략하면 성공 가능성을 높일 수 있다. 이 사례가 증명했다.

▮ 성공하는 펀딩을 위한 다섯 가지 제언

지금까지 텀블벅의 출판 크라우드펀딩 성공 요인을 분석했다. 여기서 얻은 숫자를 중심으로 시사점을 정리해봤다.

첫째, 유형의 보상 구성의 중요성이다. 책 한 권을 판매한다는 개념보다는, 매력적인 상품을 판매한다는 개념으로 접근해야 크라우드펀딩을 더 효과적으로 활용할 수 있다. 책의 경우 '소장품'의 개념으로 접근하는 방식이 필요하다. 책을 단순히 지식·정도 전달 매체가 아닌, 소장하고 싶은 상품으로 생각하는 접근법이 중요하다. 그래서 성공한 크라우드펀딩 창작자들은 책의 디자인에 큰 공수를 들이거나, 책 이외의 판촉물에도 노력을 들이고 있다. 엽서, 머그컵, 에코백 등 기념품(굿즈)을 제공해 책과 함께 복합 상품을 구성하는 방식이다. 성공한 프로젝트를 참고하면 좋은 상품 전략을 짜낼 수 있을 것이다.

둘째, 1인 창작자의 시대다. 크라우드펀딩은 1인 창작자가 접근하기 매우 좋은 플랫폼이다. 하지만 1인 창작자가 할 수 있는 범위는 한정되어 있다. 이런 어려움은 기존의 경험 많은 출판사가 도와줄 수 있다. 출판사가 기획·출판·유통하는 기존의 방식을 확장해 1인 창작자를 육성하고 관리하는 영역까지 사업의 범위를 확장해볼 수 있다. 출판업을 '지식 엔터테인먼트 산업'이라고 재정의한다면, 지식을 사고파는 사람들을 연결해주고, 지식을 가진 사람들을 육성·관리하는 역할까지 기대해볼 수 있다.

셋째, 독자와의 상호작용은 매우 중요하다. 독자를 예측하기보다는 직접 어떤 독자가 있는지 확인해보고 데이터를 확보하는 게 중요하다. 크라우드펀딩은 이런 부분에서 활용도가 높다. 출판사가 사전 마케팅으로 펀딩 프로젝트에 참여하는 사례가 많다. 책 출간

콘텐츠 플랫폼 마케팅

전, 책에 관심을 가지고 있는 독자들의 데이터를 확보할 수 있고, 정식 출간됐을 때 더 효과적인 마케팅 전략을 도출할 수 있다. 이들을 대상으로 다양한 상호작용을 한다면 충성도 높은 독자를 확보할 수 있을 것이다.

넷째, 크라우드펀딩을 선 판매의 개념으로 접근해볼 수 있다. 텀블벅은 프로젝트당 평균 610만 원을 받았다. 책값을 15,000원이라 가정하면 약 400권을 선 판매했다고 볼 수 있다. 신인 기준 1쇄가 1,000~2,000부 수준이니 적은 수치는 아니다. 이는 평균값이니 성공한 프로젝트는 더 많은 선 판매가 가능하다. 선 판매로 재무적인 불확실성을 해소할 수도 있다. 펀딩받은 만큼만 책을 찍어내면 재고에 대한 우려가 사라지고 재무적인 손실을 막을 수 있다. 수요 예측이 어려운 출판 산업의 특성상, 크라우드펀딩을 잘 활용한다면 손해를 최소화하고 이익을 극대화할 수 있을 것이다.

다섯째, 크라우드펀딩은 선택과 집중이다. 유형의 보상, 제안자의 댓글 등 필수적인 요소에는 집중을 하되, 모든 요인을 고려하기보다는 본인이 강점을 가진 부분의 콘텐츠를 극대화해서 집중하는 편이 낫다. 특히 출판은 영상 등의 멀티미디어 콘텐츠가 펀딩 성공에 큰 영향을 미치지 않는다. 콘텐츠의 성격에 맞는 '선택과 집중' 전략이 필요하다.

숫자는 거짓말을 하지 않는다. 숫자와 친해진다면 새로운 길이 보일 것이다.

100인의 탁자와
유연한 유료화 전략

— 약속 장소는 항상 그곳으로 잡았다. 광화문에서 가장 큰 서점. 다양한 책이 있었고 얼마든지 읽어볼 수 있었다. 언제나 약속 시간보다 10~20분 일찍 와 요즘 어떤 책이 잘 팔리는지, 어떤 새로운 책이 나왔는지 살펴봤다. 그 자리에 서서 잠깐 훑어보는 것이었지만, 짧은 시간에 파악이 충분히 가능했다. 그 서점에 100명이 함께 앉을 수 있는 대형 탁자가 생겼다. 사람들은 자리에 앉아 책을 보기 시작했다. 마치 도서관처럼. 서가에 서서 책을 훑어보던 재미가 사라졌다. 마음만 먹으면 그 책을 끝까지 읽을 수도 있었다.

졸고지만 책을 내본 경험이 있다. 개인적으로는 책값이 너무 싸다고 생각한다. 대형 탁자는 괜히 얄미웠다. 서점에서 책을 다 읽을 수 있게 하면 누가 책을 살까 싶었다. 책에 담긴 콘텐츠를 재화의 개념으로 볼 때, 앉아서 볼 수 있는 테이블이 있다면, 돈으로 사고 파는 행위는 성립되기 어렵다. 그때 이후 서점을 약속 장소로 잡지 않았다.

▎ 서점은 더 이상 책을 파는 공간이 아니다

서점이라는 공간의 본질, 사전적 정의는 '책을 사고파는 가게'다. 이 본질을 흔든 이유가 궁금했다. 2016년 6월 28일자 〈조선일보〉 기사 「"서점, 이제 문화·분위기·라이프 스타일을 팝니다"」의 일부다.

> 2000년대 이후 오프라인 서점은 출판 시장의 불황과 온라인 서점의 등장으로 입지가 점점 줄어들었다. 약속 시간을 기다리거나 공짜 책을 보러 가기 위해 번화가에 있는 서점을 들르긴 하지만, 실제로 이런 방문은 오프라인 매장에서 실질적인 구매로 이어지지 않는다.
>
> 최근 이런 위기를 색다른 방법으로 돌파하려는 국내외 서점의 변신들이 눈에 띈다. 책을 파는 장소에 그치지 않고, 고객을 다양한 방법으로 붙잡아두는 매력적인 공간으로 탈바꿈하고 있다. 초창기 공짜 손님만 늘어날 것이라는 부정적인 예상도 있었지만, 현재 서점의 변신은 업계의 새로운 활로로 주목받고 있다.
>
> (…) 리모델링 공사를 마치고 2015년 11월 다시 오픈한 교보문

고 광화문점에서 가장 두드러진 변화는 중심부에 놓인 거대한 원목 책상(길이 11.5m) 두 개다. 테이블 한 개당 가로 11.5m, 세로 1.5~1.8m, 무게는 약 1.6t에 달한다. (…)

교보문고 광화문점 점장은 "전에는 서점 바닥에 앉아 책을 읽는 고객이 적지 않았고 '통로가 좁아 불편하다'는 민원도 많았다"며 "독서할 수 있는 자리 400석을 새로 만들면서 사람이 모이고 머무르며 즐기는 공간으로 콘셉트를 바꿨다"고 말했다. 그는 "독자 반응이 좋고 장기적으로는 득이 될 것"이라고 했다. (…)

서울에서 가장 큰 서점조차도 실질적인 판매가 이루어지지 않아 '도서 비즈니스'가 아닌 '공간 비즈니스' '문화 비즈니스' '라이프 스타일 비즈니스'로 사업의 범위를 넓혔다. 최근에 개점하는 대형서점은 아예 라이프 스타일 공간을 표방한다. 2018년 4월 개점한 교보문고 광교점은 커피를 마시며 이야기를 나눌 수 있는 카페 공간을 중간에 크게 배치했다. 정규 강좌 및 저자 강연이 열리는 홀이 있어 고객들이 다양한 문화생활을 체험할 수 있게 했다. 큐레이션 공간인 '헬스앤뷰티'를 만들어 건강, 미용, 취미 등 관련 제품과 함께 큐레이터가 추천하는 연관 도서를 한 곳에서 만나볼 수 있게 하기도 했다. 취향을 파는 서점 일본의 츠타야를 벤치마킹했다.

독립서점도 취향을 저격하는 새로운 문화 공간으로 자리매김하고 있다. 서울 강남 한복판의 '최인아책방'은 전 제일기획 부사장이

콘텐츠 플랫폼 마케팅

자 카피라이터 출신 최인아 대표가 운영하는 서점이다. 책방이라기보다는 문화센터에 가깝다. 거의 매일 연사 초청 강연과 클래식 콘서트가 이어지고, 동네 주민 파티까지 연다.

김소영 전 MBC 아나운서가 직접 운영하는 '당인리책발전소', 유희경 시인이 차린 시 전문 서점 '위트앤시니컬'은 본인이 직접 큐레이션한 책으로 인기를 끈다. 책방 주인이 스스로 셀럽화되면서 주인을 보기 위해 책방을 찾는다는 사람도 늘고 있다. 대형서점의 변신, 독립서점의 약진은 반갑지만 '책 자체로는 재화가 될 수 없다'는 명제를 증명하고 있는 것 같아 씁쓸하기도 하다. 서점은 이제 더 이상 책만 파는 공간이 아니다. 다양한 문화 활동이 이루어지는 곳이다. 책은 '매개'다.

▎유연한 유료화 전략이란

"수준이 높은 콘텐츠에는 값을 지불한다. 하지만 유료화 전략은 유연하게 가야 한다." 『콘텐츠의 미래』*의 저자 프랭크 로즈가 했던 말이다. 저자는 테크 매거진 〈와이어드〉의 객원 편집자이며 미디어 콘텐츠 IT 분야의 전문가다. 수준 높은 콘텐츠에 값을 지불한다는 것은 누구나 알고 있다. 재화로서 매력도를 높이기 위해 생산자들

• 『콘텐츠의 미래』는 최근 우리나라에 두 권 출간됐다. 프랭크 로즈가 쓴 『콘텐츠의 미래』(책읽는수요일)의 영어 원제는 'The Art of Immersion'으로, 직역하면 '몰입의 기술'이다. 경영 컨설턴트인 바라트 아난드가 쓴 책도 『콘텐츠의 미래』(리더스북)다. 원제는 'The Content Trap', 즉 '콘텐츠의 함정'이다. 개인적으로 원제인 '몰입의 기술'과 '콘텐츠의 함정'으로 출시됐어도 괜찮았을 것 같다. 두 권 모두 재밌게 읽었다. 콘텐츠 산업 사례와 연구 결과를 잘 정리해뒀다. 두고두고 읽을 만하다.

은 수준 높은 콘텐츠를 만들어왔다. '유연한 유료화 전략'은 무엇일까? 콘텐츠 유료화를 고민할 때, 보통은 유료와 무료의 양극단만 생각하게 된다. 유료 판매를 할 것인가, 무료로 보여주고 광고 등 다른 비즈니스를 할 것인가, 고민한다.

기존의 미디어, 특히 신문, 잡지 등은 유료와 무료 비즈니스를 동시에 해왔다. 유료 판매를 하지만, 광고도 넣어 수익을 챙긴다. 그래서 미디어 시장을 대표적인 '양면 시장'이라고 한다. 텍스트(활자) 콘텐츠만 놓고 보면 무료 콘텐츠 시장의 역사는 그리 길지 않다. 21세기 인터넷과 모바일이 발달하며 생긴 시장이다. 20세기만 해도 콘텐츠에 값을 지불하는 게 어색하지 않았다. 곳곳에 버스 회수권과 껌 등을 파는 가판이 있었고, 각종 일간지와 주간지, 매거진을 구입할 수 있었다. 지하철을 탈 때면 스포츠 신문을 한 부 사서 읽었던 기억이 있다.

2000년대 들어 인터넷망이 곳곳에 깔리며 무료 콘텐츠 시장이 생겼다. 콘텐츠는 사람을 모을 수 있는 효과적인 수단이다. 사람을 모아놓고 광고를 보여줬다. TV 매체의 전통적인 비즈니스 방식이 텍스트 콘텐츠 시장에도 적용됐다. 무료 콘텐츠가 기하급수적으로 많아지면서, 사람들은 콘텐츠가 돈을 주고 사서 읽는 것이라는 것을 잊어버렸다. 동시에 신문과 잡지, 출판 시장도 내리막길을 걷기 시작했다.

무료 콘텐츠는 가능한 많은 사람의 눈에 띄어야 한다. 그래야 광

콘텐츠 플랫폼 마케팅

고 단가가 높아진다. 일부 콘텐츠 생산자는 무리수를 두었다. 자극적인 제목을 달았고, 흥미 위주의 가벼운 콘텐츠를 만들었다. 생산자들이 투자 대비 리턴 효율을 생각하면서, 콘텐츠는 더 자극적이고 가벼워졌다. 미디어 시장에는 효과적으로 트래픽을 모을 수 있는 '가짜 뉴스fake news'가 등장하기도 했다.

특히 무료 기사 하나를 보려면 수많은 광고를 봐야 한다. 온라인 기사 한 개를 볼 때 무려 10개가 넘는 광고를 함께 본다는 조사 결과가 나왔다. 인터넷신문위원회는 2018년 6월 21일, PC로 온라인 신문을 볼 때 기사 한 개에 평균 광고 13.2개, 모바일 화면에서는 7.4개가 노출된다는 조사 결과를 발표했다. 결과에 따르면 450개 매체의 PC 페이지에는 총 5,934개의 광고가 게재돼 매체당 평균 13.2개의 광고가 기사와 함께 노출됐다. 모바일 페이지 437개에는 총 3,254개의 광고가 있어 매체당 평균 7.4개의 광고가 기사와 함께 보였다. 공짜로 뉴스 기사를 보기 위해 10개가 넘는 광고를 봐야 하는 대가를 치르고 있는 셈이다.

독자들은 혼탁해진 무료 콘텐츠 시장에 싫증을 느끼기 시작했다. 미국에서 그 움직임이 감지된다. 미국의 유서 깊은 〈미디어 뉴욕타임스〉는 2010년을 기점으로 온라인 구독 매출액이 광고 매출액을 넘어섰다. 이 현상은 2015년 미국 대통령으로 트럼프가 당선되면서 가속화됐다. 가짜 뉴스에 시달린 많은 독자들이 "차라리 돈을 낼 테니 신뢰 있는 뉴스, 정확한 뉴스를 보여달라"고 말했다.

텍스트 콘텐츠 시장이 서서히 변하고 있다. 20세기까지 유료였다가 2000년대 초에 무료로 변화했고, 2010년대 후반에는 질 낮은 무료 콘텐츠에 지친 독자들 덕분에 유료 콘텐츠가 다시 부각되고 있다. 유료와 무료가 복합된 시장이 형성된 셈이다.

▎유료와 무료의 경계, 모호함을 이용하라

그동안 책은 돈을 주고 사서 볼 수 있는 재화였다. 서점에 100명이 앉을 수 있는 탁자가 생겼다. 탁자가 생기면서 재화로서의 역할이 줄었다. 사실상 서점에서는 무료다. 하지만 이 책을 집으로 가져오려면 유료다. '서점에서는 무료'지만 '소장하려면 유료'다. 100인의 탁자에서 '유연한 유료화 전략'의 힌트를 얻었다. 유료와 무료 그 중간 지점에 '유연한 유료화 전략'이 있다. 무료인 듯 무료 아닌 유료 같은 모호함을 무기로 하는 전략이다. 크라우드펀딩 방식도 이런 모호한 입장을 취하고 있다. 콘텐츠를 일단 무료로 보여주지만, 책과 같은 형태로 소장하거나, 콘텐츠의 생산자를 만나고 싶으면 결제를 해야 한다.

특히 게임 시장이 이런 모호한 전략을 아주 잘 활용한다. 무료인 줄 알고 다운로드받은 게임이 지속적으로 '현질'(현금 결제)를 유도한다. 반복 행동을 하지 않으려면(속칭 '노가다') 돈을 지불해야 한다. 아주 영리하게 만들어진 '유연한 유료화 전략'이다. 최근에는 웹툰, 웹소설 시장도 유·무료 복합 방식을 전략적으로 사용한다. '기다리면 무료' '오늘만 무료' 등이 유연한 유료화 전략이다. 무료로 앞부분을 보여주고, 기대감을 한껏 높인 후 더 보려고 하면 짧게는 일주일, 길게는 한 달을 기다리라고 한다. 참을 수 없으면 돈을 내고 봐야 한다.

출판 시장은 불황을 타계하기 위해 다양한 융복합 사업을 구상한다. 대형서점과 독립서점은 답을 찾아가고 있다. '유연한 유료화 전략'을 잘 활용해 꾸준히 실험한다면, '츠타야'와 같은 새로운 시장을 개척할 수 있지 않을까?

작은 책의
차트 1위를 꿈꾸며

— 출근길에는 음악을 듣는다. 과일 이름의 음악 스트리밍 서비스를 이용한다. 습관적으로 실시간 차트를 플레이한다. 최근 걸그룹이 많이 컴백했다. 트와이스, 에이핑크, 블랙핑크… 반가운 (그리고 고마운) 이름들이다. 셋 중 누가 나와도 좋다. 1위 노래가 흘러나왔다. 걸그룹의 목소리가 아니다. 기대는 무너졌지만 노래는 괜찮다. 아침에 듣기 좋은 목소리다. '괜찮은 신인이 나왔나 보다' 생각하고 조금 기다리니 트와이스 목소리가 나왔다. 행복했다.

회사에 도착하니 연예 기사면이 들썩였다. '숀'이라는 단어가 실시간 검색어 순위를 오르내렸다. '숀 차트 역주행 논란' '차트 사재기 의혹' 등의 기사가 쏟아졌다. 신인 가수 숀의 노래 〈way back home〉에 대한 이야기다. 이 노래는 2018년 6월 27일에 발매됐다. 보름가량 천천히 역주행을 시작했고 급기야 7월 17일 트와이스, 블랙핑크, 에이핑크, 마마무 등 쟁쟁한 걸그룹을 모두 제치고 1위에 올랐다. 팬덤이 탄탄한 걸그룹을 신인 가수가 제치자 많은 사람들이 사재기가 아니냐는 의혹을 제기했다. 이런 일이 처음 있는 것은 아니다. 널리 알려지지 않은 가수 닐로의 〈지나오다〉라는 곡도 갑자기 순위가 급상승했다. 〈way back home〉과 유사한 패턴으로 상승 곡선을 그렸다. 누리꾼들은 이런 현상을 '닐로하다'라는 말로 풍자했다.

손 측은 음원 차트 1위 논란에 대해 "페이스북 페이지를 통해 이 노래를 소개했고 그 폭발적인 반응이 차트로 유입됐다. 빠른 시간에 상위권까지 가는 현상이 나타났다. 사재기나 조작, 불법적인 마케팅 같은 건 없다"고 해명했다. 닐로에 이어 손까지 사재기와 편법 마케팅 논란이 일면서 음원 시장 전체가 들썩였다. 당사자와 소속사는 억울하다는 입장이지만 신인 가수의 음원 차트 1위에 의혹 어린 시선을 보내는 이들이 많은 것은, 그만큼 일어나기 힘든 일이 연이어 벌어졌기 때문이다.

한편에서는 차트 중심의 음악 소비 패턴에 대한 근본적인 문제 제기까지 하고 있다. 객관성을 담보할 수 없는 실시간 차트가 음원 시장에 미치는 영향력이 너무 크다는 것이다. 차트 선정 기준도 제대로 공개되지 않아 투명성 논란도 일고 있다.

▌음원 차트와 베스트셀러는 닮았다

이 책에서 굳이 음원 시장 이야기를 꺼내는 이유는 뭘까? 이런 일련의 현상에서 음원 콘텐츠 시장과 텍스트 콘텐츠 시장의 비슷한 모습을 봤다. 키워드로 정리하면 '신인 불신' '차트 중심주의'다. 대중의 취향이 모호해지고 있다. 차트의 힘이 막강해지면서부터다. '지금 이 시점에서는 이 노래를 들어야 해' '이 노래를 듣지 않으면 트렌드에 뒤처져'처럼 차트가 주는 메시지는 강력하다. 음원 스트리밍 서비스는 첫 화면에 차트를 보여준다. 내가 듣고 싶은 노래가 아닌, 남이 많이 들은 노래를 찾는다. 듣는 이는 '이게 요즘 사람들에게 인기 있는 노래구나' 하며 안도한다.

시장의 부익부 빈익빈 현상은 심해진다. 인기 있는 가수의 노래가 차트에 오르는 것이 당연한 일로 여겨진다. 팬덤이 있는 아이돌 그룹의 노래는 발매된 지 1~2년이 지난 노래까지 차트를 점령한다. 방탄소년단의 노래는 1년 전에 발매된 노래도 100위권 안에 아직 있다. 그러니 갑자기 신인 가수의 음원이 차트에 오르면 '이거 사기 아니야?' 하고 의심부터 한다. 여기엔 '네가 감히'의 정서도 깔려 있다. 물론 사재기나 불법 마케팅을 했을 수도 있다. 하지만 일단 의심부터 하는 게 문제다. 무죄 추정이 아닌 '유죄 추정'이다. 듣도 보도 못한 가수에 대한 대중의 평가는 냉혹하다.

요즘 베스트셀러는 몇 가지 키워드로 압축된다. SNS, 인플루언

콘텐츠 플랫폼 마케팅

서, 힐링과 위로, 짧은 텍스트, 예쁜 책. 잘 팔리는 책이 훌륭한 책은
아니지만, 요즘은 더욱 의문이다. (…) "언제 베스트셀러가 좋은 책
이었느냐마는 요즘은 심하지 않니?" 우리는 베스트셀러 키워드를
SNS, 인플루언서, 힐링, 위로, 짧은 텍스트, 간지럽히기로 꼽았다.
SNS에서도 용납하기 힘든 글을 써놓고 '창작의 고통'을 얘기하는
작가의 인터뷰를 보면 허망할 지경이었다. 왜 그것이 베스트셀러가
됐는지 논의하다 작가의 인스타그램을 들여다보고 인정했다. 잘생
겼다. 인플루언서다. 누구도 토를 달 수 없는 내용이다(이별하면 아
프다, 배고프면 밥 먹는다). 출판사 편집자인 친구도 말했다. "출판계
가 전성기인 적은 없지만 요즘은 진짜 붕괴된 것 같아. 저자가 잘생
겨야 한다니까."

2018년 7월 18일 〈보그 코리아〉 매거진에 재밌는 글이 실렸다.
제목은 「베스트셀러 유감」으로 내용은 인용한 바와 같다. 저자가 잘
생겼고 SNS에서 인기가 있어야 베스트셀러가 된다는 주장이다. 약
간은 비약이 섞인 풍자다. 자조적이기도 하다. 이제 누구나 동의하
는, 상식적인 수준에서 '좋은 책'이라는 기준이 통용되지 않는다. 좋
은 책이 베스트가 아니다. 많은 사람이 구입해서 베스트셀러에 오
른 책, 그것이 베스트다. 차트가 엄청난 권력을 갖고 있다는 점, 그
차트가 좋은 콘텐츠의 절대 기준은 아니라는 점, 신인에게 유독 가
혹하다는 점. 책의 베스트셀러와 음원의 실시간 차트, 둘은 닮았다.

┃ TV 감상문은 가치 있는 기사인가

필자는 포털 뉴스 에디터로 IT업계에 발을 들였다. 포털 첫 화면에 노출되는 뉴스를 골라 편집하는 일이다. 지금은 기사 자동 배치 알고리즘, 자동 기사 분류 기능 등의 기술이 많은 부분을 전담하고 있지만, 필자가 일할 때만 해도 수동 방식으로 기사를 분류하고 배치했다. 수백 개의 언론사에서 쏟아지는 수만 개의 기사를 전부 읽어보고 분류하고 배치했다. 우리는 이를 '최첨단 수동' 'IT 가내 수공업'이라고 불렀다.

기사 배치의 기준은 명확하다. 현재 가장 중요한 기사를 신속하게 배치한다. 물론 상식적인 수준의 '좋은 기사'도 배치의 중요한 기준이다(각 플랫폼마다 기사 배치 기준을 외부에 공개하고 있다. 현재는 알고리즘이 에디터의 많은 일을 대신한다).

기자 생활을 했던 필자는 기사를 보면 이 기사가 어떤 과정을 거쳐서 나오는지 짐작할 수 있었다. 발로 뛰며 직접 취재한 기사, 독창성을 주려고 노력한 기사, 어휘 하나하나 고심해서 쓴 기사. 기사를 쓰기까지 기자들이 어떤 과정을 거쳤는지 머릿속에 그려졌다. 가능한 땀 냄새 나는 기사를 배치하려 노력했다. 그렇지 않은 기사도 있다. 여기저기서 소스를 모아 짜깁기한 소위 '우라까이' 기사, 온라인 검색으로만 쓴 기사, TV를 보고 쓴 기사 등은 필자의 기준에서 좋지 않은 기사라 생각하고 배치하지 않으려 노력했다.

지금은 사회, 연예, 스포츠 등 분야별로 전문화된 에디터가 있지만, 당시는 사람이 많지 않아 3교대로 돌아가며 다양한 섹션을 편집했다. 연예 섹션을 담당할 때였다. 당시 〈추노〉라는 드라마가 인기가 많았다. 〈추노〉가 끝나면 꼭 TV 감상문 기사가 나왔다. "대길이 장혁, 언년이 이다해와 눈물의 재회" 이런 식의 기사다. 전형적인 'TV 보고 쓴 기사'다. 좋은 기사가 아니었다. 이것을 꼭 걸어야 하나 싶었지만, 드라마 방송이 끝나면 실시간 검색어에 오르고 화제가 되기 때문에, '현시점 중요한 기사'의 원칙에 의해 배치했다.

당시 편집장 역할을 하던 선배에게 물었다. "집에서도 쓸 수 있는 TV 감상문 수준의 기사를 꼭 걸어야 하나요? 이건 가치가 없는 기사 아닌가요?" "이 기사의 트래픽(조회수)을 봐요. 정치, 경제, 사회 뉴스보다 두세 배는 많이 보잖아요. 독자들이 이만큼 선택을 했다는 건데, 이걸 가치가 없는 기사라고 볼 수 있을까요?" 독자들의 선택에는 다 이유가 있다. 그것을 간과했다. 필자가 경솔했다.

▍발견성과 다양성, 플랫폼 운영자의 책무

베스트셀러로 다시 돌아오자. 앞서 언급했던 〈보그 코리아〉의 기사를 읽다 보면 반가운 이름이 등장한다. 〈기획회의〉* 마감 때마다 필자에게 큰 동기부여를 해주셨던 분이다. 마감 하루 이틀 전 꼭 친절한 메일을 주신다. 전혀 떠오르지 않던 글감이 이분의 메일을 보면 떠오른다. 〈기획회의〉의 염경원 에디터다.

• 이 책은 격주간지 〈기획회의〉에 연재한 플랫폼 마케팅 에세이를 재구성했다.

(⋯) "한 해 출간하는 책이 8만 권이에요. 책의 홍수에서 책의 존재를 알리는 '발견성'이 출판계의 화두죠. 발견성을 끌어올릴 큰 무대가 SNS예요." (⋯)

(⋯) 염경원 기자는 "독자들이 어떤 식으로든 책을 소비하고 즐긴다면 반갑지 않나요?"라고 반문한다. "책의 물성은 단순히 읽는 것에 그치지 않아요. 좋은 인테리어 수단 혹은 튼튼한 냄비받침이 될 수도 있죠. 리커버한 책이 인기인데, 읽었더라도 사는 거죠. 책을 수집품으로 여기는 독자가 많다는 의미죠. 책을 정보와 지식의 도구로 한정하면 안 돼요. 책의 역할을 대체할 도구·미디어·콘텐츠가 수없이 많으니까요. 온라인 콘텐츠의 질이 낮고 정보를 믿을 수 없다는 것도 옛말이에요. 작금의 온라인 콘텐츠 정보를 따져보면 어중간한 책보다 훨씬 나아요. 지식이나 정보 전달 수단으로서 책의 필요가 약화되면서 자연스레 엔터테인먼트나 취향에 호소하게 된 것이에요. 책이 살아남으려는 노력 중 하나예요." (⋯)

염 에디터 의견에 동의한다. 어떤 이들에게는 수준 미달의 글이라도, 손발을 오그라들게 하는 내용이라도, 어떤 식으로든 그 콘텐츠를 소비하고 즐기고 있다면 반가운 일이다. TV를 보고 쓴 기사라도 '갑툭튀 듣보잡'(갑자기 툭 튀어나온, 듣도 보도 못한 잡×) 노래라도, 어떤 식으로든 수용자가 그것을 소비하면 그 자체만으로 의미가 있다.

차트 중심의 콘텐츠 소비 패러다임이 쉽게 바뀌지는 않을 것이다. 차트가 주는 장점도 있지만, 고착화되면서 부익부 빈익빈이 심해진다면, 신인의 시장 진입은 요원하다. '발견성'과 '다양성'을 위한 노력이 필요하다. 차트를 소유한, 혹은 차트에 영향을 줄 수 있는 플랫폼 운영자의 책무다.

▌작은 책의 모험을 응원한다

카카오 창작자 플랫폼에서 의미 있는 프로젝트를 진행했다. '모험을 시작한 작은 책들'이라는 제목으로 브런치와 스토리펀딩 두 플랫폼에서 동시에 진행했다. 동네 출판사 대표들이 모였다. 온갖 노력을 들여 만들었지만, 빛도 보지 못하고 사라진 작은 책들을 소개했다. 프로젝트의 소개 글이다.

어떤 책은 수십 권의 친구들과 함께 대형서점의 가장 잘 보이는 매대에 놓인다. 시간이 흘러 자신의 분야 매대로 자리를 옮긴 이후에도 전면에 자리하고, 기획이 있을 때마다 불려 나온다.

여러 일간지와 잡지에 몇 줄의 신간 소개는 물론 작가를 조명하는 몇 단의 특집으로도 자신의 이름을 알린다. 그렇게 우리에게 익숙한 베스트셀러가 된다.

그러나 어떤 책은 시작부터 외롭다. 한두 명의 친구들과 신간 코너의 가장자리에서 며칠을 보낸다. 곧 아무도 찾지 않는 먼지가 쌓

◀ 스토리펀딩 프로젝트 '모험을 시작한 작은 책들'
▲ 브런치 페이지 '모험을 시작한 작은 책들'•

인 서가로 홀로 사라지고 그 몸에는 먼지가 쌓여간다. 저자나 그의 친구가 와서 군이 들추어보기 전에는 누군가가 펴 보는 일도 별로 없고 어느 날 반출되어 생을 마감한다.

온라인에서 그의 이름을 검색해도 블로그에서든 뉴스에서든 제대로 한 줄을 찾아보기도 힘들다. 그런 책들은 왠지, 더욱 작아 보이고 마는 것이다. 그러다가 조금씩 움츠러들어서 정말로 '작은 책'이 되고 만다.

이 프로젝트는 그 작은 책들을 당신의 눈이 닿는 곳에 잠시 가져다두고 싶은 마음으로 시작하게 되었다. 무엇보다도, 모두가 서점

• https://brunch.co.kr/magazine/smallbooks

콘텐츠 플랫폼 마케팅

이라는 공간에서 이전과 조금은 다른 눈높이로 책과 마주할 수 있게 되기를 바라는 마음이 가장 크다.

(…) 언젠가는 반드시 만나게 될 독자를 위해 책을 만들고 그 모험을 돕는다.

주간 연재 방식의 콘텐츠에 집중할 수 있는 '브런치 위클리 매거진'으로 프로젝트 내용을 전했다. 모금에 강점이 있는 스토리펀딩으로 프로젝트에 필요한 비용을 후원받았다. 후원자들에게는 동네 출판사들이 모여서 진행하는 컨퍼런스 초대권과 브런치에 소개된 작은 책을 선물했다. 프로젝트 시작 나흘 만에 목표했던 금액 300만 원을 다 채웠다. 총 509만 원을 펀딩받았다.

발견되지 않고 아무도 모르게 사라졌던 책들이 세상에 널리 알려질 수 있으면 좋겠다. 무모한 바람이지만 베스트셀러에도 오르면 좋겠다. 논란은 있겠지만 '듣보잡'이 '갑툭튀'했으면 한다. 작은 책의 모험, 혹은 반란을 응원한다.

전자책은
PDF가 아니다

— 지하철에서 종이책을 읽는 사람을 가끔 만난다. 정작 필자는 무거워서 잘 들고 다니지 않는다. 사각사각 소리 내며 책장 넘기는 모습을 보면 괜히 반갑다. 필자를 비롯한 많은 사람들은 한 손에 스마트폰을 들고 있다. 뉴스를 보거나 카페 같은 커뮤니티에 들어가거나 동영상을 본다. 최근에는 블루투스 기능을 활용한 선이 없는 이어폰을 귀에 꽂은 사람을 많이 본다. 처음에는 선 없는 이어폰이 어색했지만 보다 보니 익숙해진다. 와이어리스 이어폰으로 양손의 자유를 얻었다.

손은 두 개다. 손을 쓸 수 있는 범위는 물리적으로 한정된다. 책이나 신문 같은 매체는 양손을 다 써야 한다. 스마트폰은 한 손만 있

콘텐츠 플랫폼 마케팅

으면 된다. 다른 한 손은 거들 뿐이다. 블루투스 이어폰은 양손을 자유롭게 한다. 물리적인 조건에 따라 사람들의 행동 패턴이 달라진다. 이를 UX(사용자 경험)라고 한다. 한국정보통신기술협회의 '정보통신용어사전'에 따른 정의는 이렇다. "사용자가 어떤 시스템, 제품 혹은 서비스를 직간접적으로 이용하면서 느끼고 생각하게 되는 총체적 경험. 단순히 기능이나 절차상의 만족뿐 아니라 전반적으로 지각 가능한 모든 면에서 사용자가 참여, 사용, 관찰하고 상호 교감을 통해서 알 수 있는 가치 있는 경험이다. 긍정적 사용자 경험의 창출은 산업 디자인, 소프트웨어 공학, 마케팅 및 경영학의 주요 과제이며 이는 사용자의 니즈의 만족, 브랜드의 충성도 향상, 시장에서의 성공을 가져다줄 수 있는 주요 사항이다."

UX는 IT 분야에서 매우 중요한 요소다. UX는 제품의 성패를 좌우한다. 애플이 현재 최고의 글로벌 IT 기업으로 성장한 요인 중 하나로 편리한 UX 설계를 꼽는다. 직관적이고 단순한 UX로 '터치 스크린 방식 스마트폰'이라는 새로운 산업군을 개척했다. 역으로 UX를 고려하지 않고 단순하게 전달 매체의 전환만 이루어진다면 성공하기 어렵다. 책에 담긴 콘텐츠를 그대로 모바일 화면에 담는다고 모두 전자책이 되는 것은 아니다. 책은 양손을 활용하는 매체고, 스마트폰은 한 손을 주로 활용하는 디바이스다. 전혀 다른 UX다.

모바일 시대가 됐고, 많은 콘텐츠가 디지털화되고 있다. 가장 흔한 실수는 UX의 고려 없는 1차원적 디지털화다. 신문의 PDF 서비스가 대표적이다. 단순히 스캔을 떠서 서버에 올려놓는 방식이다. 사용자는 손가락으로 확대·축소를 해가며 읽어야 한다. 이리저리 위치도 조정해야 한다. 읽기를 몇 번 시도하다가 이내 포기한다. UX 를 고려하지 않는 전형적인 디지털화 방식이다.

전자책도 마찬가지다. 아직 많은 전차책이 단순 PDF 형식이다. 그대로 스캔을 떠놓는다. 작은 화면으로 보면 가독성이 떨어진다. 책에 담긴 콘텐츠의 호흡과 모바일 콘텐츠에 담긴 호흡이 다른데, 같은 호흡을 요구한다. 마라톤 선수는 100m 달리기를 할 수 없다.

| 앱북 프로젝트의 전자책 실패 경험

2014년, 모바일이 한창 뜨던 시기에 '앱북'이라는 프로젝트를 진행했다. 앱 형태의 책을 만들어 판매하는 모델이다. 한 권의 책 형태로 앱을 출시했다. 30쪽 정도 맛보기 무료 콘텐츠를 제공했다. 31쪽부터는 과금을 해야 볼 수 있는 모델이다.

당시 앱 비즈니스가 크게 성장하고 있었다. 전자책 시장이 막 태동하던 시기였다. 스마트폰이라는 가벼운 디바이스로 책의 콘텐츠를 보여준다면, 종이책 시장 수요의 일부를 흡수할 수 있으리라 생각했다. 처음 내놓은 앱북은 '프로야구 스카우팅 리포트'였다. 프로야구 시즌 전 각 팀의 주요 선수들에 대한 강점·약점 등을 객관적으로 분석한 리포트다. 메이저리그에서는 대중화됐고 많은 야구팬들이 자발적으로 찾아보는 콘텐츠다. 우리나라에서는 이제 막 알려지던 시기였다. 열성 야구팬들은 스카우팅 리포트를 직접 제작하기도 했다. 야구를 볼 때마다 책을 찾아보는 번거로움을 줄여주고 싶었다. 궁금한 선수가 있다면 언제든 앱북을 구동, 선수를 검색으로 찾아보게 했다. 최신의 데이터를 연동해 보여주는 장치도 만들었다. 시나리오를 촘촘히 짰다.

이 앱은 소소한 매출을 냈다. 예상치보다 적었다. 실패였다. 몇 가지 요인이 있었다. 우선 스카우팅 리포트의 수요가 적었다. 야구를 좋아하는 사람들, 그중에서도 데이터를 체크하면서 야구를 보는 적극적인 팬들만 스카우팅 리포트를 찾아봤다. 응원하고 즐기는 것을 좋아하는 팬들은 데이터에 큰 관심이 없었다. 골수팬들은 이런 공식 출판 형태보다 커뮤니티의 정보를 더 신뢰했다. 커뮤니티에는 나름의 고수들이 있었고, 우리는 이들의 끈끈함을 고려하지 못했다.

가장 큰 실패 요인은 책에 담긴 콘텐츠를 거의 그대로 앱으로 옮겼다는 점이다. 모바일 UX를 고려하지 않았다. 궁금한 선수를 한 명씩 검색해 찾아보게 한다는 UX 설계를 했다. 이런 니즈가 있는 사용자면, 차라리 포털에서 그 선수를 검색해보는 게 더 빠르고 정확한 정보를 얻을 수 있다. 스카우팅 리포트는 보통 시즌 전 선수들의 장단점을 종합적으로 분석하고 조망하는 용도로 쓰인다. 이런 점을 고려해 UX를 설계했어야 했는데, 검색용으로 설계했다. 결국 실제 검색 서비스에 밀려 활용성이 떨어졌다.

또 한 가지 간과한 것이 있다. 남성은 모바일 콘텐츠에 돈을 많이 지불하지 않는다는 것이다. 콘텐츠 유료 결제 비율을 성별로 분석해보면 여성이 남성보다 높다. 사전 데이터 분석이 부족했다. 이후 실패 요인을 분석해 다른 앱북을 냈다. 데이터 분석을 했고, 모바일 호흡에 맞게 UX도 설계했다. 30~40대 여성을 타깃으로 한 요리 레시피 앱북을 출시했다.

짧은 호흡의 모바일 검색에 밀리지 않으면서, 종이책의 긴 호흡과 차별성을 두는 데 집중했다. '신혼부부를 위한 국수요리' 등으로 테마를 세분화했다. 한 테마에는 7~8개의 레시피를 담았다. 짧지도 길지도 않은 호흡으로 구성했다. 만족할 만한 매출을 올렸다. 성공까지는 아니지만 나름 선방했다.

짧은 경험이지만 배운 점이 있다. ① 모바일에 맞는 호흡, ② 적절한 테마, ③ 타깃 설정이 중요하다는 점이다. '콘텐츠 유료화는 정말 어렵고, 전자책은 더 어렵다'는 결론으로 프로젝트를 마무리했다.

▍카카오페이지의 전자책 성공 경험

2018년 7월 14일 유시민 작가가 〈썰전〉 하차 계기를 밝혔다. "2년 전부터 한계를 느꼈다"고 했다. 실시간 검색어에 '유시민' '썰전 하차' 등이 올랐다. 하루 종일 화제였다. 유시민 작가가 심경 고백을 한 매체는 TV 토크쇼가 아니었다. 신문 인터뷰도 아니었다. 카카오페이지가 주최한 '라이브 토크쇼'였다. 카카오페이지는 웹소설과

콘텐츠 플랫폼 마케팅

『역사의 역사』 한 챕터 무료 선물 이벤트

웹툰 유료 플랫폼으로 유명한 곳이다. 유시민 작가는 최근 『역사의 역사』(돌베개, 2018)를 출간했다. 역사책과는 어울리지 않을 것 같은 플랫폼에 등장해 토크쇼를 한 것이다.

카카오페이지는 베스트셀러 서비스 강화의 일환으로 2018년 7월 캠페인 '페이지를 펼치다'를 진행했다. 캠페인의 일환으로 유시민 작가의 신간 『역사의 역사』를 디지털 독점 공개했다. 7월 한 달간 『역사의 역사』를 독점 공개함과 동시에 총 9개 챕터로 구성된 도서의 한 챕터를 1주일 동안 전국민에게 무료로 선물하는 이벤트를 진행했다. 또 같은 기간에 카카오페이지 앱에서 유시민 작가의 8부작 인터뷰 영상을 단독으로 공개하고 카카오페이지 오피스에서 북 토크 행사 라이브 영상을 중계했다. 〈썰전〉의 하차 이유는 이 행사에서 밝힌 것이다.

웹툰과 웹소설로 시작했던 카카오페이지는 최근 영화와 일반 도서까지 서비스 영역을 넓히고 있다. 카카오페이지의 하루 결제액은 무려 6억 원을 육박한다. 최고 8억 원까지 매출액을 기록한 적도 있다. 2018년 연간 매출액은 2000억 원으로 추정된다. 누적 매출 1억 원 이상을 내는 작가가 767명에 이른다. 모바일 플랫폼만의 특별한 방식으로 사용자들이 베스트셀러를 즐길 수 있도록 돕는다. 종이책을 단순히 디지털 단행본 형태로 제공하는 것에서 그치지 않고, 읽고 보고 소통할 수 있는 다양한 형태의 경험을 제공한다.

카카오페이지가 처음부터 잘됐던 것은 아니다. 불과 4~5년 전만 해도 하루 매출액이 2000만 원도 안 됐다. 다음은 2013년 기사•의 일부다. "출시 전부터 출판사, 기획사, 잡지사, 교육업체 등 창작자의 기대를 한몸에 받았던 '카카오페이지'. 창작자들은 카카오페이지가 '카카오톡'이나 '카카오스토리', '카카오톡 게임하기'의 뒤를 잇는 새로운 성공신화가 돼주길 바랐다. 하지만, 출시 후 3개월 만에 창작자들은 카카오페이지에 '실패'라는 꼬리표를 붙였다. 2013년 7월, 카카오페이지에 기대를 품고 콘텐츠를 만들던 일부 창작자는 카카오페이지가 개편되기 전까지 콘텐츠를 추가로 올리지 않겠다는 방침을 세웠다. 카카오페이지는 공중에 붕 뜬 상태다. 콘텐츠 유입과 구매는 거의 이루어지지 않는다."

• http://www.bloter.net/archives/158056

콘텐츠 플랫폼 마케팅

그러나 카카오페이지는 실패를 딛고 콘텐츠 유료 플랫폼의 강자로 떠올랐다. 이 배경에는 모바일 사용자에 대한 철저한 UX 분석이 있었다. 일정 시간을 기다리면 유료 콘텐츠를 무료로 볼 수 있게 하는 '기다리면 무료', 스마트폰 액정에 맞게 콘텐츠 길이와 호흡을 쪼개는 '분절', 수시로 카카오페이지 캐시를 증정하는 룰렛 형식의 이벤트 '캐시 뽑기'가 카카오페이지의 대표적인 기능이다. 이들은 게임 산업에서 힌트를 얻어 '애니팡'을 벤치마킹한 것이다. 먼저, 사용자들이 유료와 무료의 경계를 인식하지 못하는 게 중요했다. 이를 위해 '기다리면 무료' 시스템을 도입했다. 애니팡에서 일정 시간을 기다리면 게임 플레이를 할 수 있는 '하트'를 받는 것처럼 웹툰, 웹소설 등의 콘텐츠도 일정 시간을 기다리면, 무료로 볼 수 있도록 했다.

'모바일에 맞는 분절' 전략도 주효했다. 모든 콘텐츠를 모바일 소비 패턴에 맞게 나눴다. 게임의 한 판처럼 짧은 호흡으로 줄였다. 스마트폰 액정에 맞게 콘텐츠 길이와 호흡을 쪼갰고, 기존의 웹툰 한 편보다 더 짧은 길이로 조정했다. 책 한 권을 20~30편으로 쪼개서 판매한 것이다. 카카오페이지 캐시를 증정하는 룰렛 형식의 이벤트도 수시로 진행했다. 개별 사용자가 어떤 작품에 관심이 있는지 데이터로 확인했다. 해당 콘텐츠를 추천하면서 '무료 캐시를 줄 테니 한 번 더 보라'는 식으로 사용을 유도했다.

카카오페이지는 앞으로 출판업계와 더 많은 컬래버레이션을 진행할 예정이다. 모바일 UX를 철저히 분석해서 얻은 노하우, 실패에서 얻은 경험은 전자책 시장에 진출하려는 출판사에 좋은 인사이트가 될 것이다. 과거의 실패 경험을 통해 느낀다. 현재 카카오페이지의 성공 사례를 보며 배운다. 전자책은 PDF가 아니다.

아무튼 책은
팔아야 한다

　"오늘 행사는 7시 전에 끝나겠죠?" 시계를 계속 들여다봤다. 얼른 집에 가야 했다. 해야 할 일이 있었다. 행사는 예정됐던 오후 7시를 훌쩍 넘었다. 7시를 넘기는 데 필자도 일조했다. 할 말이 없다. 속절없이 시간은 흘렀다. 초조했다. 2018년 9월 1일 출판 컨퍼런스에 참석했다. 영광스럽게 필자에게도 '플랫폼을 활용한 출판 마케팅 사례'라는 주제로 이야기할 기회를 주셨다. 필자는 출판을 잘 모른다. 아직 배울 게 많다. 일부러 발표 시간보다 두 시간 일찍 왔다.

　1인 출판사로 책을 낸 이야기, 독립서점을 운영한 이야기, 독서모임을 꾸린 이야기, 오디오북이 이제 잘 될 일만 남았다는 이야기, 유튜브 책 마케팅 방법…. 흥미롭게 듣다 보니 발표 시간이 됐다. 플랫폼 운영자로 출판사들과 협업한 이야기를 중심으로 경험과 생각을 이야기했다. 주절주절 이야기하다 보니, 배정된 30분을 넘겼다.

컨퍼런스에 참여하신 분들은 대부분 출판업계 종사자였다. 출판사 대표, 에디터, 독립서점 사장 등 출판계 각 분야에서 전문성을 발휘해 의미 있는 성과를 내시는 분들이다. 이런 분들에게 필자의 이야기가 얼마나 공감되었는지는 모르겠다. 출판업계 종사자들이라 대부분 안면이 있어 보였다. 서로 인사하며 이야기를 나누었다. 화기애애했다. 그 사이에서 필자는 혼자 아시안게임 야구 결승전 생중계를 봤다. 얼른 집에 가고 싶었다. 게다가 저녁 8시 30분에는 아시안게임 축구 결승전이 시작된다.

행사가 열린 홍대에서 집까지는 한 시간이 넘게 걸린다. 경기도민의 비애다. 7시에는 나서야 했다. 필자도 발표에 시간을 많이 썼고 다른 분들도 조금씩 더 썼다. 그러다 보니 예상 종료 시각인 오후 7시를 넘어, 8시를 향해가고 있었다. 손흥민이 보고 싶었다. "오늘 별일 없으시면 뒤풀이 함께하시죠." 행사를 준비한 대표님이 권했다. 이미 시간이 많이 흘러 축구를 처음부터 집에서 볼 수 없게 돼버렸다. 순간 망설였다. 지금이라도 집에 가서 후반부터 볼까, 아니면 뒤풀이에 가서 출판계 분들과 안면이나 틀까?

필자는 혼자고 아는 사람도 없고 해서 집에 가는 쪽으로 마음이 기울었다. 이때 한 출판사 대표님이 말을 걸어 왔다. "플랫폼에 대해 궁금한 것도 많고 한데, 같이 가시죠." 따뜻한 말 한 마디에 마음

콘텐츠 플랫폼 마케팅

이 움직였다. 어느새 술잔을 기울이고 있었다. 축구는 잊은 채.

▌책은 팔아야 한다

"다들 디지털 마케팅을 해야 한다고 하는데, 효과가 좋은지 모르겠어요. 책을 직접 홍보하는 콘텐츠는 책의 핵심 내용을 알려야 하기 때문에 구매 전환율이 너무 떨어집니다. 차라리 유시민 같은 사람이 방송에서 언급해주면 수천 부씩 나가요. 아이러니한 상황이죠." 축구 대신 대표님들 이야기를 듣기를 잘했다는 생각을 했다. 모르던 사실을 많이 알았고, 느낀 바도 많았다. 막연히 알고 있다고 생각했던 게 틀리기도 했다.

"블로그에 마케팅하고 수십만 PV^{Page View}가 나와도 책 판매와 연결이 안 돼요. 많아야 다섯 권 팔리죠." 가장 가슴에 와닿았던 출판사 대표님의 이야기다. 높은 PV는 중요하다. 하지만 이 PV가 책 판매까지 이어지지 않으면 아무 소용없다. 책 마케팅의 목적을 달성하지 못한 셈이다. 'Garbage in, garbage out(쓰레기가 들어가면 쓰레기가 나온다)'이라는 말이 있다. 보통 데이터 분야에서 쓰이는 말이다. 디지털 마케팅 콘텐츠가 책 판매로 이어지지 않는다면 '디지털 플랫폼에서 이 글을 본 사람은 책 구매로 이어질 것이다'라는 전제가 성립되지 않는다. 즉 'garbage PV'라고 볼 수 있다.

"플랫폼 마케팅을 하시면 많은 PV가 나오고, 이 PV가 책에도 도움이 될 겁니다." 그간 출판사와 협업을 하면서 자주 했던 말이다.

많은 PV가 나오고 사람들에게 자주 노출되는 것은 맞다. 하지만 이게 실제로 어떤 도움을 주는지에 대해서는 고민이 부족했다. 작가의 브랜딩에 도움이 되는지, 책 판매에 도움이 되는지, 출판사가 어떤 책을 내고 있는지 알리는 데 도움이 되는지, '도움의 디테일'이 중요하다.

많은 대표님들은 '책의 판매'를 가장 원하셨다. 당연하다. 출판사의 사전적 정의는 '서적이나 회화 따위를 인쇄하여 세상에 내놓는 사업을 하는 회사'다. 디지털 마케팅이든 유튜브 마케팅이든 모두 책을 많이 팔자고 하는 일이다. 아날로그 콘텐츠의 디지털화, 텍스트 콘텐츠 기반의 새로운 포맷 실험도 중요하지만 본질은 아니다. 책은, 팔아야 한다.

▌구매 전환율을 높일 콘텐츠의 맥락과 장치

독자 입장에서 생각해봤다. 독자는 디지털 플랫폼에서 콘텐츠를 소비하다가 책을 사고 싶으면 구매한다. 책 구매까지의 동선이 매끄럽게 이어지지 않으면 독자는 단순 광고로 인식하게 된다. 더 안 좋은 인상만 남기게 된다. 어떻게 하면 디지털 콘텐츠 소비에서 구매까지 이어지게 할 수 있을까? 플랫폼에서 '구매 전환율'을 높일 방법을 찾아야 한다.

브런치와 스토리펀딩 플랫폼 연계 실험을 진행했다. 우선 텍스트를 가장 돋보이게 해주는 플랫폼인 '브런치'로 콘텐츠를 발행, 유통

콘텐츠 플랫폼 마케팅

한다. 콘텐츠를 감상한 독자는 맥락 속에서 자연스럽게 구매 동선을 만난다. 이 동선은 매우 편한 결제 기능을 제공하는 스토리펀딩으로 연결된다. 키워드는 '맥락'과 '장치'다. 콘텐츠는 맥락 속에서 구매를 유도한다. 그리고 기능적 장치가 독자의 구매를 돕는다. 맥락은 '소장'과 '참여'로 나누어볼 수 있다.

일본어로 '쓴도쿠積讀'라는 말이 있다. '책을 읽지 않고 쌓아두는 것'에 전념하는 사람들을 말한다. 1879년 출판된 인쇄물에 등장한 말이라고 하니, 이런 현상이 현재의 일만은 아닌 것 같다. 출판계에서는 '쓴도쿠 현상'을 오히려 반긴다는 말도 나온다. 남들에게 보이기 위한 과시용 책을 기획하는 경우도 있다고 한다. 여기서 '소장'은 단순히 책을 관상용으로 소장하자는 개념이 아니다. 소장해두고 언제든 궁금할 때마다 꺼내 보게 하자는 뜻이다.

콘텐츠 마케팅에 적절한 유형이 있다면 적절하지 않은 유형도 있다. 한 번 보고 '아, 그렇구나' 하며 공감하고 책을 닫아버릴 내용은 어울리지 않는다. 또한 주제가 너무 명확해서 마케팅용 글만 봐도 책을 다 읽었다고 생각하는 책도 피해야 한다. '예고편을 봤더니 영화 내용을 다 알 것 같아'라는 말은 영화판에서만 통하는 게 아니다.

반면 전문성, 정보성, 옴니버스식 책은 플랫폼 마케팅에 어울린다. 일부 내용을 공개하더라도 옴니버스식이기 때문에 크게 상관이 없다. 오히려 다른 챕터는 어떤 내용인지 궁금증이 생겨 구매 전환율을 더욱 높일 수 있다. 한 번 봐서는 언뜻 기억에 남지 않는 내용이어야 한다. 어렵고 전문적인 내용이면 더 좋다. 아이가 있는 집들의 스테디셀러인 『삐뽀삐뽀 119 소아과』(하정훈 지음, 유니책방, 2016)가 좋은 예다. 어려운 의학 용어가 담긴 전문 서적이다. 필요할 때만 찾아 보면 된다. 한 번 본다고 이해할 수 있는 내용도 아니다.

▎브런치로 유혹하고 스토리펀딩으로 구매하다

1장(이야기는 힘이 세다)의 「팔리는 콘텐츠는 다르다」에서 소개한 〈감〉 매거진이 시즌 2로 돌아왔다. 건축 자재를 하나씩 소개하는 매거진이다. 이번에는 브런치와 스토리펀딩을 동시에 진행한다. 매주 연재할 수 있는 '브런치 위클리 매거진'으로 〈감〉 매거진에 담긴 일부 내용을 연재한다. 위클리 매거진은 콘텐츠 연재에 최적화된 플랫폼이다. 매주 요일을 정해 연재하기 때문에 고정 독자를 확보할 수 있다. 또한 오프라인 매거진과 비슷한 느낌의 뷰어를 제공해 독자의 가독성을 최대한으로 높인다. 글에 대한 독자의 몰입도가 꽤 높은 편이다.

1화 '결로가 생겼으면 이것부터'는 유리와 창에 대한 내용을 담았다. 결로와 유리의 상관관계를 상세히 설명해주고 '투명함이 매력적인 재료, 유리에 관한 더 다채로운 이야기가 궁금하다면'이라는 문구로 구매를 유도한다. 그 문구를 클릭해 들어가면 스토리펀딩에서 사전 구매할 수 있다. 글에 집중한 브런치 플랫폼, 구매에 집

▲ 브런치 위클리 매거진 '좋은 공간을 보는 통찰력'*
▶ 스토리펀딩 프로젝트 '좋은 공간을 보는 통찰력, 감매거진'

중한 스토리펀딩 플랫폼의 결합으로 구매 전환율을 높였다. 콘텐츠 연재 1회, 사전 판매 일주일 만에 750만 원어치를 팔았다. 목표했던 500만 원을 훌쩍 넘긴 금액이다.

사람의 마음을 움직이고 참여하게 하는 이야기도 좋은 성과를 내고 있다. 유튜브 채널 '책읽찌라'로 유명한 이가희 대표가 책을 냈다. 제목은 '아임낫파인'으로 우울증에 대한 책이다. 이 책은 오랫동안 숨겨야 했던, 우울증 이야기를 수면 위로 끌어올리고자 했다. 일종의 캠페인이다. 우울증에 걸린 사람부터 주변 사람들, 정신과 의사, 인사 담당자까지 모두 인터뷰하여, 2018년 6~8월 사이 그 내용을 영상으로 제작했다. 영상에 담지 못했던 이야기들은 책으로 엮었다.

• https://brunch.co.kr/magazine/garm-magazine

▲ 브런치 위클리 매거진 '우울증, 이젠 이야기하자'*
▶ 스토리펀딩 프로젝트 '우울증, 이제는 이야기 하자'

'우울증, 이젠 이야기하자'라는 제목으로 브런치 위클리 매거진을 연재했다. 1편 '괜찮지 않지만 괜찮다고 말하는 사람들에게'는 큰 호응을 얻었다. "이 글 덕에 용기를 낼 수 있었다"는 독자의 댓글이 이어졌다. "브런치에 쓰신 글을 읽어 보고 구매를 결정하게 되었습니다. 공감되는 부분도 많고, 궁금하고 새로웠던 부분도 많았어요. 그래서 책이 정말 기대됩니다! 응원해요." 취지에 동참하는 사람들이 브런치 글 하단의 스토리펀딩 링크를 타고 들어와 사전 펀딩을 했다. 두 달간 총 916만 원을 펀딩받았다.

출판사 대표님들과 따뜻한 시간을 보내고 집에 오니, 마침 축구 연장전이 시작됐다. 전후반 0대 0으로 비긴 상태였다. 손흥민이 공을 몰고 가자 이승우가 "비켜" 하며 슛을 날렸다. 골망을 갈랐다. 몇

• https://brunch.co.kr/magazine/iamnotfine

콘텐츠 플랫폼 마케팅

분 후 손흥민이 찬 프리킥을 황희찬이 헤딩슛으로 연결했다. 2대 0 승리로 우리나라는 금메달을 목에 걸었다.

손흥민이 골을 많이 넣지는 않았지만 수많은 골 뒤에는 항상 그가 있었다. 스스로에게 과분한 이야기지만 플랫폼은 손흥민처럼 플레이하고 싶다. 보이지 않는 곳에서 어시스트하면, 출판사는 황의조, 이승우처럼 필드를 누비며 시원한 골 잔치를 벌였으면 좋겠다(황희찬은 좀 그래서 뺐다). 구매 전환율을 높일 방법을 플랫폼과 출판사가 머리를 맞대고 고민해봤으면 한다. 아무튼, 책은 팔아야 하니까.

QR코드의 부활과
출판 O2O

— 일곱 살 아들과 서점에 들렀다. 아들 책은 주로 인터넷으로 사주는데, 책 냄새를 맡아보며 고르게 하는 것도 괜찮겠다 싶었다. 형형색색의 책들을 보자 아들의 눈이 휘둥그레졌다. 아들은 다섯 권의 책을 골랐다. 필자도 온 김에 세 권을 집어 들었다. 손에 드니 무거웠다. 아이들 책은 표지가 두껍고 반짝였다. 필자의 책보다 두 배는 무거웠다. 집에 갈 일이 걱정됐다. 지하철을 타고 왔다. 한 손은 아들 손을 잡고, 다른 한 손에 책 꾸러미를 들고 다닌다면, 손가락 마디가 아플 것 같았다. 혼잡한 강남역에서 환승도 해야 했다.

손에 들었던 책 중 여섯 권을 다시 서가에 꽂았다. ① 스마트폰을 켰다. ② 온라인서점 앱에 접속해, ③ 책 제목을 검색했다. ④ 같은

콘텐츠 플랫폼 마케팅

책인지 확인한 후 장바구니에 넣었다. ⑤ 모두 모아서 한 번에 신용카드로 결제했다. ⑥ 서점에서 스마트폰으로 주문한 책은 다음날 집으로 도착했다. 서점에서는 두 권만 결제했다. 아들과 필자의 손에는 집에 가면서 읽을 책이 한 권씩 들려 있었다. 집에 가는 길, 손은 가벼웠지만 서점에 미안한 생각이 들었다.

필자의 행동을 되짚어봤다. 손이 무거워 앱으로 책을 주문했다. 그 과정도 간단하지는 않았다. 6단계를 거쳤다. 책 이름을 일일이 검색하는 것부터 번거로웠다. 그 책이 꼭 필요하지 않았다면, 과정이 귀찮아 포기할 수도 있었다. 스마트폰으로 책을 검색하는 사이 아들은 장난감 코너로 자연스럽게 흘러갔다(왜 책 파는 곳에 토이저OO만큼 매력적인 장난감 코너가 있는 것인가?). 집에 있는 장난감과 비슷한 것을 또 사달라고 했다. 실랑이하다가 결국 불필요한 지출을 했다. 아들은 책보다 장난감을 손에 넣었다는 사실에 더 만족했다.

▎과정의 단축과 O2O

IT 플랫폼은 '과정의 단축'으로 사용자들에게 새로운 가치를 준다. 영상 플랫폼 유튜브는 사용자가 좋아할 만한 영상 콘텐츠를 꾸준히 추천해준다. 일일이 찾아봐야 하는 수고를 덜어준다. 검색 플랫폼 구글은 검색어를 입력창에 치면 사용자가 궁금해하는 내용을 보여준다. 두 번 세 번 찾아보지 않게 최적의 결괏값을 보여주려고 노력한다. 한 번의 클릭으로 필요한 정보를 찾아볼 수 있도록 첫 페이지

화면에 가장 많은 신경을 쓴다. 이 또한 '과정의 단축'이다.

'O2O^{online to offline}'는 온라인과 오프라인이 결합하는 방식이다. 커머스 영역에서 시작되었지만 현재는 많은 산업 영역에서 활용된다. 교통을 포함한 모빌리티 분야의 성장이 빠르다. 오프라인에서의 복잡했던 과정을 온라인이 줄여주면서 사용자들이 몰리고 있다. 가령 그동안의 콜택시는 ① 콜센터에 전화하고, ② 상담사에게 나의 위치를 알리고, ③ 배차된 기사님에게도 내 위치를 설명하고, ④ 택시 기사님께 콜비 1,000원까지 지불해야 했다. 이 과정을 ① 앱으로 택시를 부른다. ② 기사님을 만난다. 이렇게 2단계로 줄였다. 과정을 줄였지만 콜비도 받지 않았다. 카카오택시는 '과정의 단축'의 백미다. 현재 사용자는 2000만 명이다. '과정의 단축'이 서점에도 적용될 수 있지 않을까? 이른바 '출판 O2O'다. 종이의 물성을 가진 책이라는 매체가 어떻게 온라인과 연결될 수 있을까? 연결의 매개가 필요하다.

▎중국발 QR코드의 부활

'QR^{Quick Response} 코드'란 "사진, 동영상 등의 온갖 정보들을 담을 수 있는 2차원의 격자무늬 코드. 특정 상품의 이름이나 제조사, 가격 등 간단한 정보만 담을 수 있는 바코드와 달리 QR코드는 다양한 형태의 데이터 정보를 기록할 수 있다. 스마트폰의 인식 기능으로 흑백 격자무늬 패턴의 이 코드를 스캔하면 여기에 담겨 있는 정보들

콘텐츠 플랫폼 마케팅

을 확인할 수 있다. QR코드를 처음 개발한 일본의 덴소 웨이브가 특허권을 행사하지 않아 누구나 자신의 활용 목적에 부합하게 QR 코드를 쉽게 제작하고 이용할 수 있다."•

QR코드는 2010년쯤 처음 접했다. 오프라인에서 온라인으로 연결될 수 있는 획기적인 수단이라고 했다. 신기했다. 코드를 휴대전화로 스캔하면 링크로 연결됐다. 당시 결혼이란 것을 했는데, 청첩장에 QR코드를 넣었다. 스캔하면 결혼식 장소의 지도 링크로 연결된다. 하객들이 얼마나 QR코드를 활용했는지는 수집하지 못했다. 청첩장에 오시는 길을 상세히 적어놨기에, 아마도 필자만 해봤을 것 같다. 당시 '우와, 신기하다' 그 이상의 느낌은 들지 않았다. 링크를 연결하면 약속된 페이지만 하나 뜰뿐, 우리의 생활을 획기적으로 바꿔주지 않았다. 당시 데이터 전송 속도가 그리 빠르지 않았고, 스마트폰에서 구현할 수 있는 페이지도 수준이 매우 낮았다. QR코드 스캔이라는 과정은 신기했지만, 그다음 액션이 시시했다.

사람들의 기억 속에서 멀어졌던 QR코드가 최근 부활했다. 시작은 중국이다. 중국인은 더 이상 현금을 들고 다니지 않는다. QR코드 기반의 간편 결제가 빠른 속도로 보급됐기 때문이다. 낮은 신용카드 보급률과 결제 단말기 인프라가 부족하다 보니 카드나 지폐를 보관하는 지갑 자체가 자취를 감추고 있다. 2017년 발표된 「2016년 세계 핀테크 보고서」에 따르면 상위 5대 핀테크 기업 중

• 출처 'Daum 백과'

네 곳이 중국 기업이다. 시장조사 기업 '입소스'에 따르면 중국인의 약 77%가 모바일 결제 서비스를 사용한다. 이 중 대부분이 QR코드 결제다.

중국의 QR코드 결제 성장의 이유는 두 가지로 분석할 수 있다. 중국은 신용카드 이용률이 낮다. 은행 업무의 제약이 커 금융 인프라가 부족하다. 우리나라처럼 신용카드를 쉽게 발급받을 수 있는 환경이 아니다. 당시 시장의 니즈를 파악한 '알리페이' 등은 신용 거래가 필요 없는 직거래 방식의 간편 결제 수단으로 QR코드를 선택했다.

중국은 PC 기반의 인터넷 산업을 건너뛰고 바로 모바일로 갔다. 우리나라 2000년대 초의 닷컴 벤처 열풍처럼 2010년대 중국은 모바일 벤처 열풍이 불었다. 알리바바, 텐센트, 바이두 등 중국의 IT 기업은 모바일 전략을 먼저 선택했고, 전 세계 모바일 시장의 큰손으로 우뚝 섰다. 모바일에 집중하다 보니 모바일에서 구현할 수 있는 기능도 다양해졌다. QR코드로 연결된 기능이 사용자들에게 '과정의 단축'이라는 신선한 경험을 선사했다. 자연스럽게 QR코드 결제가 대세로 떠올랐다.

IT 인프라는 세계 최고라 인정받는 한국도 모바일 결제 분야에서는 뒤쳐져 있다. 2017년 국내 모바일 결제 총액은 약 15조 원이다. 같은 기간 중국의 모바일 결제 총액은 무려 약 9390조 원, 미국은 약 200조 원이다. 인구를 감안해도 큰 차이다. 낮은 수치는 오히려

콘텐츠 플랫폼 마케팅

기회다. 그만큼 우리나라는 성장 가능성이 크다.

최근 QR코드 결제가 엄청난 속도로 성장하고 있다. 촉발된 계기는 정부의 '소상공인 보호 정책'이다. 신용카드의 수수료가 소상공인의 이익을 줄인다고 판단한 정부는, QR코드 결제 방식을 이용해 소상공인을 위한 '수수료 제로' 정책을 공언했다. 간편 결제 서비스 카카오페이는 소상공인을 위한 QR코드 결제 키트를 보급하고 있다. 소상공인이 카카오페이에 신청하면 QR코드가 담긴 키트를 준다. 물건을 사는 소비자는 본인의 카카오톡이나 카메라로 코드를 촬영한다. 소비자의 스마트폰에 담긴 카카오페이에서 자동으로 결제된다. 소비자가 담아둔 돈이 소상공인에게 직접 전달되기 때문에 수수료는 0원이다. 고스란히 판매자에게 전달된다.

이렇게 제공하는 키트가 3개월 만에 10만 개를 돌파했다. 사용자들의 결제 규모도 증가하고 있다. QR코드 결제 키트가 시중에 배치되기 시작한 8월 실적은 전월 대비 결제 건수 3.7배, 거래액 4.2배가 늘어났다. 사용자 연령대 비중은 20대 49.2%, 30대 31.5%, 40대 11.4%순으로, 모바일 환경에 익숙한 2030 세대를 중심으로 이용률이 확대되고 있다. 결제 금액은 1만 원 미만이 전체의 61%를 차지해 현금 거래가 많은 소액 결제 상황에서 부담 없이 QR코드 결제로 편리하게 결제하는 양상을 보였다. 1만 원 내외의 책을 판매하는 서점들은 QR코드 결제 키트를 잘 활용해볼 수 있지 않을까, 하는 생각이 들었다.

| 출판 O2O는 QR코드로

현금을 들고 다닐 일이 점점 사라지고 있다. 신용카드나 스마트폰 간편 결제면 충분하다. 둘 다 안 되면 스마트폰 은행 앱을 이용해 계좌이체로 보내주면 된다. 최근에는 중고 거래도 QR코드 결제 방식을 쓴다. 처음 만난 사람끼리 QR코드만 보여주면 쉽게 송금이 가능하다.

지역에서 열린 한 도서 축제에 갔다. 좋은 책들이 많았다. 하필 현금이 부족했다. 사고 싶은 책을 다 못 샀다. 그때 도서 축제 부스마다 QR코드가 있으면 어떨까, 생각했다. 서점에서도 책마다 QR코드를 넣어 '지금 모바일로 결제하면 이 책을 내일 집으로 보내드립니다'라는 메시지를 주면 어떨까? 독자는 무거운 손을 걱정할 일 없이, 바로 책을 받아볼 수 있다. 책을 파는 사람들은 더 많은 책을 팔 수 있다.

QR코드 기반의 O2O 개념이 적용된다면 서점은 일종의 '쇼케이스' 형태가 될 것이다. 모든 책을 서가에 꽂아놓을 필요도 없다. 한두 권씩만 두면 된다. 공간을 절약할 수 있고 큐레이션도 더욱 강화할 수 있다. 판매용이 아닌 QR코드를 붙인 샘플 책을 전시하면 책훼손에 대한 부담도 덜 수 있다.

책 마케팅에도 QR코드를 적극 활용해볼 수 있다. QR코드로 작가의 영상 메시지나, 책 소개 영상을 연결해주면 책 구매에 도움을 줄수 있을 것이다. 광화문 교보문고의 현관은 매번 화제가 된다. 지나

콘텐츠 플랫폼 마케팅

가는 사람들은 그 앞에서 사진을 찍는다. 현판의 문구는 책에서 나온다. 현판 옆에 QR코드가 있다면, 사진을 찍으며 QR코드도 스캔해볼 수 있을 것이다. 자연히 그 문구와 관련된 책 구매 페이지로 연결될 수 있다.

이런 방식은 도시 여기저기 배치된 현판에 모두 적용해볼 수 있다. 2018년 9월 17일 박원순 서울시장은 서울 지하철역에서 모든 상업광고를 없애겠다는 구상을 내놨다. 공공 공간을 미술관, 예술 공간으로 바꿔야 한다는 주장이다. 문학도 하나의 예술이다. 문학 작품의 글귀를 전시하고 QR코드로 책 구매를 유도할 수 있다. 용인시와 광명시 등 지자체에서 시행하고 있는 '문학자판기'와도 결합이 가능하다. 지하철역과 관공서에 설치된 문학자판기는 버튼을 누르면 시, 수필 등 문학작품이 인쇄된 종이가 나온다. 짧은 시간 스마트폰 대신 책에 담긴 내용을 감상하자는 취지다.

문학자판기는 파리, 런던 등 유럽의 지하철역 등에 설치돼 호응을 얻고 있으며 국내에서는 2017년 코엑스에서 열린 '2017 서울국제도서전'에 첫선을 보여 SNS상에서 화제가 됐다. 용인시민인 필자는 종종 문학자판기를 이용한다. 책의 문구만 나올 뿐 책의 구매로 연결하는 동선은 없다. 글 아래 QR코드가 있다면, 더 좋겠다는 상상을 했다. 정부나 지자체에서 시행하는 오프라인 정책이 온라인과 결합된다면 더 큰 시너지를 낼 수 있을 것이다. '소상공인 보호' 정책과 궤를 같이할 수도 있다. 출판 O2O의 연결고리는 'QR코드'다.

찾아보기

ㄱ

가이드북 125, 127, 129, 131, 132

간편 결제 19, 20, 69, 168, 231~234

『기획자의 습관』 148

ㄴ

뉴스펀딩 56, 59, 60, 63

ㄷ

『대한민국 20대, 자취의 달인』 51

독립출판 131, 175, 177

ㄹ

리워드 17, 45, 57, 58, 67, 103, 105, 182, 184, 188

리패키징 37~39

ㅁ

『모든 순간이 너였다』 122

모바일 15, 16, 18, 19, 33, 37~39, 47, 55, 66, 69, 76, 111, 117, 136, 197, 211~214, 217, 218, 232~234

『무례한 사람에게 웃으며 대처하는 법』 122, 150

미들맨 166, 168, 169, 171, 172

ㅂ

『브랜드 마케터들의 이야기』 148, 151

브랜딩 71, 95, 96, 103, 105, 106

브런치 116~123, 128, 129, 135~137, 141, 143, 149~153, 207, 209, 222, 224, 226

블록체인 166, 168, 169, 172, 173

빅데이터 92, 95, 98, 141

콘텐츠 플랫폼 마케팅

ㅅ

서브컬처 43

셀럽 26, 63~68, 85, 86

소셜펀딩 17

스낵컬처 117, 123

스몰데이터 95, 98

『스토리의 모험』 53

스토리펀딩 7, 16~18, 33, 34, 40, 41, 47~49, 56~58, 63, 66, 67, 69, 71, 97, 102, 167, 169

스트리밍 29, 34, 127, 200, 202

ㅇ

어벤져스 증후군 103

어뷰저 166~169

『어서와, 리더는 처음이지?』 143

업 에세이 148, 150, 152

『역사의 역사』 215

오디오북 25, 38, 39

『오롯한 당신』 43

오픈채팅 112~115

유료화 18~20, 47, 54, 56, 57, 59~61, 69, 195, 196, 198, 199, 214

『윤직원의 태평천하』 123

『인공지능 투자가 퀀트』 141

인플루언서 86~89

ㅈ

전자책 22, 23, 26~28, 211, 212, 218

『죽고 싶지만 떡볶이는 먹고 싶어』 177

『지연된 정의』 67, 106

ㅋ

카드뉴스 117, 118

『콘텐츠의 미래』 195

『큐레이션』 158

큐레이션 19, 28, 117, 158~162, 164

큐알(QR)코드 230~236

크라우드펀딩 16~18, 40, 41, 43, 47~50, 103, 129, 168, 175, 177, 178, 182, 185, 189~191, 198

킥스타터 47, 48

ㅌ

타기팅 76, 77, 87, 189

텀블벅 131, 175, 177, 178, 181~183, 185, 189

트렌드 16, 64, 65, 114, 118, 128, 137, 139, 141, 143, 147, 160

『트렌드 코리아 2018』 86

『퇴사의 추억』 137

ㅍ

『판타지 유니버스 창작 가이드』 188, 189

퍼블리 58, 148

『풍운아 채현국』 72

페이윌 18

피키캐스트 117, 118

ㅎ

『하마터면 열심히 살 뻔했다』 122

『회색 인간』 82

콘텐츠 플랫폼 마케팅

콘텐츠 플랫폼 마케팅

2019년 4월 25일 1판 1쇄 인쇄
2019년 5월 5일 1판 1쇄 발행

지은이   김귀현
펴낸이   한기호
책임편집 정안나
편집   오효영, 도은숙, 유태선, 김미향, 염경원
경영지원 국순근
펴낸곳   한국출판마케팅연구소
              출판등록 2000년 11월 6일 제10-2065호
              주소 04029 서울시 마포구 동교로 12안길 14(서교동) 삼성빌딩 A동 2층
              전화 02-336-5675 팩스 02-337-5347
              이메일   kpm@kpm21.co.kr
              홈페이지 www.kpm21.co.kr

ISBN 979-89-89420-97-2 03010

· 이 도서의 국립중앙도서관 출판예정도서목록(CIP)은 서지정보유통지원시스템 홈페이지
  (http://seoji.nl.go.kr)와 국가자료공동목록시스템(http://www.nl.go.kr/kolisnet)에서
  이용하실 수 있습니다.(CIP제어번호: CIP2019015037)
· 책값은 뒤표지에 있습니다.